铸就辉煌 逐梦未来

编著 甘守义

中学版

南京大学出版社

图书在版编目(CIP)数据

铸就辉煌　逐梦未来：中学版／甘守义编著．——南京：南京大学出版社，2023.10（2023.12重印）
　ISBN 978-7-305-27259-2

　Ⅰ．①铸…　Ⅱ．①甘…　Ⅲ．①爱国主义教育－中学－教学参考资料　Ⅳ．①G631.4

　中国国家版本馆CIP数据核字(2023)第174196号

出版发行　南京大学出版社
社　　址　南京市汉口路22号　　邮　编　210093

　　　　　ZHUJIU HUIHUANG　ZHUMENG WEILAI·ZHONGXUE BAN
书　　名　铸就辉煌　逐梦未来·中学版
编　　著　甘守义
责任编辑　陈　松　　　　　　　编辑热线　025-83686659
照　　排　南京开卷文化传媒有限公司
印　　刷　南京人文印务有限公司
开　　本　787 mm×1092 mm　1/16　印张 6.5　字数 90 千
版　　次　2023年10月第1版　2023年12月第2次印刷
ISBN 978-7-305-27259-2
定　　价　25.00元

网　　址：http://www.njupco.com
官方微博：http://weibo.com/njupco
微信服务号：njdxjcjy
销售咨询热线：(025)83594756

＊版权所有，侵权必究
＊凡购买南大版图书，如有印装质量问题，请与所购
　图书销售部门联系调换

前言

十年奋进谱写壮美画卷，十年成就彪炳发展史册。

新时代十年，是我国发展迈上新的台阶的十年，是党和国家事业开创崭新局面的十年，是中华民族伟大复兴加速推进的十年。党的二十大报告指出，新时代十年来，我们全面贯彻习近平新时代中国特色社会主义思想，全面贯彻党的基本路线、基本方略，采取一系列战略性举措，推进一系列变革性实践，实现一系列突破性进展，取得一系列标志性成果，党和国家事业取得历史性成就、发生历史性变革，推动我国迈上全面建设社会主义现代化国家新征程。新时代十年的历史性变革体现在改革发展稳定、内政外交国防、治党治国治军等各领域、各方面，是全方位、根本性、格局性的。新时代十年的伟大变革，在党史、新中国史、改革开放史、社会主义发展史、中华民族发展史上具有里程碑意义。

铸就辉煌　逐梦未来

青年是祖国的未来、民族的希望,也是我们党的未来和希望。中共中央、国务院印发《中长期青年发展规划(2016—2025年)》(简称《规划》),强调要"大力弘扬以爱国主义为核心的民族精神和以改革创新为核心的时代精神,把爱国主义教育贯穿国民教育和精神文明建设全过程,引导青年学习了解党史、国史、近现代史和改革开放史,继承五四运动以来的革命文化传统,坚持爱国、爱党、爱社会主义相统一,自觉培养爱国之情、砥砺强国之志、实践报国之行"。2023年1月,共青团中央、全国少工委印发《关于加强共青团新时代未成年人保护工作的意见》(简称《意见》),指出"要开展好'新时代好少年'主题教育读书活动"。

为贯彻落实上述重要《规划》和《意见》,坚持不懈用习近平新时代中国特色社会主义思想凝心铸魂,用社会主义核心价值观铸魂育人,我们精心选取相关内容,编写了这套丛书,帮助广大青少年深刻认识党的二十大报告指出的"新时代的伟大成就是党和人民一道拼出来、干出来、奋斗出来的",深刻理解新时代十年伟大变革的里程碑意义,坚定广大青少年听党话、跟党走的信心和决心,使青少年成为堪当民族复兴重任的时代新人,并为共产主义远大理想和中国特色社会主义共同理想而奋斗。

目录

坚持不懈凝心铸魂 …………………………………… 001

全面加强党的领导 …………………………………… 012

全面建成小康社会 …………………………………… 019

推进科技自立自强 …………………………………… 031

全面深化改革开放 …………………………………… 045

推进法治中国建设 …………………………………… 055

全方位改善人民生活 ………………………………… 062

人与自然和谐共生 …………………………………… 069

全面加强国家安全 …………………………………… 080

持之以恒自我革命 …………………………………… 092

坚持不懈凝心铸魂

  我们创立了新时代中国特色社会主义思想，明确坚持和发展中国特色社会主义的基本方略，提出一系列治国理政新理念新思想新战略，实现了马克思主义中国化时代化新的飞跃，坚持不懈用这一创新理论武装头脑、指导实践、推动工作，为新时代党和国家事业发展提供了根本遵循。

——习近平在中国共产党第二十次全国代表大会上的报告，
2022年10月16日

铸就辉煌　逐梦未来

阅读导航

　　一个民族要走在时代前列,就一刻不能没有理论思维,一刻不能没有正确思想指引。用党的创新理论武装全党,实现全党思想、意志、行动的统一,是我们党带领全国各族人民完成艰巨历史任务的最可靠保证。党的十八大以来,习近平新时代中国特色社会主义思想在新的伟大斗争中展现出强大的真理穿透力、价值感召力、实践引领力、文化自信力,在这一科学思想指引下,全党全国各族人民一道打拼奋斗,铸就了新时代十年伟大变革。强国建设、民族复兴是一项前无古人的开创性事业,必然会遇到各种可以预料和难以预料的风险挑战、艰难险阻甚至惊涛骇浪,更加需要以科学理论指引前进方向。唯有坚持不懈用习近平新时代中国特色社会主义思想凝心铸魂,才能确保全党紧密团结在以习近平同志为核心的党中央周围,共同把党锻造成一块攻无不克、战无不胜的坚硬钢铁,以更强的信心和底气在新的赶考路上赢得更大胜利和荣光。

理论引航

　　坚持用马克思主义中国化时代化最新成果武装全党,指导实践、推动工作,是我们党创造历史、成就辉煌的一条重要经验。习近平新时代中国特色社会主义思想是当代中国马克思主义、二十一世纪马克思主义,开辟了马克思主义中国化时代化新境界。我们要把学习贯彻习近平新时代中国特色社会主义思想不断引向深入,坚持不懈用习近平新时代中国特色社会主义思想凝心铸魂,这对于我们统一思想认识、明确前进方向、凝聚奋进力量,具有重大现实意义和深远历史意义。

　　其一,从党的优良传统看,注重理论学习是保持党的先进性的必然要求。从马克思主义发展史看,马克思、恩格斯在《共产党宣言》中就明确指出了共产党人出类拔萃的理论特质:在理论方面,他们胜过其余无产阶级群众的地方在于他们了解无产阶级运动的条件、进程和一般结果。在抗日战争时期,毛泽东同志从着眼于加速战胜日本帝国主义的角度指出:"如果我们党有一百个至二百个系统地而不是零碎地、实际地而不是空洞地学会了马克思列宁主义的同志,就会大大地提高我们党的战斗力量。"2013年3月1日,习近平总书记在中共中央党校建校80周年庆祝大会暨2013年春季学期开学典礼上的讲话中特别引用前述毛泽东同志的论述,指出:"这个任务,今天依然很现实地摆在我们党面前。"并在多个场合强调"在前进道路上,我们一定要加强全党的理论武装""要认真学习马克思主义理论,这是我们做好一切工作的看家本领""马克思主义政党的先进性,首先体现为思想理论上的先进性。注重思想建党、理论强党,是我们党的鲜明特色和光荣传统"。

其二,从党的宝贵经验看,党的理论创新每前进一步,理论武装就要跟进一步。党的二十大报告指出:"实践告诉我们,中国共产党为什么能,中国特色社会主义为什么好,归根到底是马克思主义行,是中国化时代化的马克思主义行。"这一重要论断,深刻揭示了"能""好""行"之间的内在逻辑。中国共产党自成立之日起,就始终高举马克思主义理论旗帜,致力于民族独立、国家富强、人民幸福。一路走来,在每一个关键历史节点,面对新形势新任务,我们党总是号召全党同志加强马克思主义理论学习,而每次这样的学习热潮,都推动党和人民事业实现大发展大进步。正因如此,我们才能够保持先进性、赢得人民支持,才能战无不胜、勇往直前。中国特色社会主义是马克思主义基本原理同中国具体实际相结合的产物,既体现了马克思主义关于社会主义的本质规定、价值追求,又结合了中国具体实际,体现了时代特色,因而具有独特魅力和显著优势。而马克思主义之所以行,就在于党不断推进马克思主义中国化时代化并用以指导实践。中国共产党人依靠学习走到今天,也必然要依靠学习走向未来。习近平总书记强调:"与时俱进不要当口号喊,要真正落实到思想和行动上,不能做'不知有汉,无论魏晋'的桃花源中人!"

其三,从时代要求看,必须坚定信仰信念、把握历史主动。习近平总书记在二十届中央政治局第四次集体学习时的讲话中指出:"对于我们这样一个世界上最大的马克思主义执政党来说,理论强,才能方向明、人心齐、底气足。拥有马克思主义科学理论指导是我们党坚定信仰信念、把握历史主动的根本所在。"马克思主义"是我们做好一切工作的看家本领","学习马克思主义基本理论是共产党人的必修课"。掌握马克思主义理论的深度,决定着我们的政治敏感的程度、思维视野的广度和思想境界的高度。理论上的成熟是政治上成熟的基础,政治上的坚定源于理论上的清醒。只有掌握马克思主义这一看家本领,我们才能心明眼亮,才能拥有洞察宇宙的望远镜、观察事物的显微镜,才能以更宽广的视野、更长远的眼光来增强预见性、把握规律性。

当前,世界百年未有之大变局加速演进,我国发展进入战略机遇和风险挑战并存、不确定难预料因素增多的时期,各种"黑天鹅""灰犀牛"事件随时可能发生。我们必须增强忧患意识,坚持底线思维,做到居安思危、未雨绸缪,准备经受风高浪急甚至惊涛骇浪的重大考验。对此,习近平总书记特别强调:"新时代新征程,面对错综复杂的国际国内形势、艰巨繁重的改革发展稳定任务、各种不确定难预料的风险挑战,要实现党的二十大确定的战略目标,迫切需要广大党员、干部特别是各级领导干部进一步深入学习贯彻新时代中国特色社会主义思想。"

开拓实践

牢记嘱托再出发 砥砺奋进建新功

深情似海,厚望如山。2019年,习近平总书记带着对革命老区人民的深切关怀再次来到江西视察,提出了"努力在加快革命老区高质量发展上做示范、在推动中部地区崛起上勇争先"的目标定位和"五个推进"重要要求,为新时代江西改革发展把脉定向、擘画蓝图。

习近平总书记视察江西重要讲话是习近平新时代中国特色社会主义思想的"江西篇章"。近年来,江西省委把学习贯彻习近平新时代中国特色社会主义思想和深化落实习近平总书记视察江西重要讲话精神结合起来,以更高站位更高标准谋划工作,狠抓落实,聚焦"作示范、勇争先"目标定位,充分发挥比较优势,深度融入和服务构建新发展格局,推动经济实现质的有效提升和量的合理增长,为现代化江西建设厚植坚实的物质基础,一步一个脚印把总书记为江西擘画的蓝图变为美好现实。

——以更大决心构建现代化产业体系,坚定不移实施工业强省战略。

新能源、新材料、航空、生物医药等战略性新兴产业强势崛起,有色金属、建材、钢铁等传统产业加速转型升级,数字经济规模超万亿元……我省以实施产业链"链长制"为抓手,大力实施产业链"强链补链延链"工程,加快完善以数字经济为引领、以先进制造业为主体、先进制造业与现代服务业融合发展的现代化产业体系。

如今,江西已成功打造营收超千亿元的产业集群5个、超500亿元的产业集群20个,其中有色金属、电子信息产业规模分别列全国第一、第四位,正式跨入新兴工业大省行列。

——以更实举措推进科技创新,为现代化建设提供有力支撑。

中国工程科技发展战略江西研究院、中国中医科学院健康研究院……随着一批"国字号"重大创新平台先后落地,江西结束了没有国家级大院大所的历史,综合科技创新水平指数提升至全国第16位。从重大科研项目"揭榜挂帅""赛马争先",到科技计划项目"包干制"与合作共建"研发飞地",江西科技创新体制机制不断完善,给科研工作者提供更多真金白银、搭建更大发展舞台,让创新要素流淌在生机勃勃的赣一户一户要账。对赖账不还的,范振喜不厌其烦、一次一次地去要,磨牙费嘴跑断腿,软硬兼施不放弃。经过三个月努力,终于要回了全部欠款。

第三把"火"就是治理乱砍滥伐。周台子的山上有不少树,由于没人管,有些人就随便砍伐,生态遭到了严重破坏。范振喜上任后坚决制止乱砍滥伐。有一户村民砍树做房梁,范振喜知道后坚决把木头从房顶上搬了回来。得知一个本家侄子偷偷砍了十棵树,范振喜不但去要回木头,还坚决予以罚款。

"三把火"烧下来,村集体有钱了,管理规范了,群众气顺了。范振喜开始带领大家封山育林、平整土地、治理荒山、翻盖学校、整顿村容、创办企业,短短三年时间全村就摆脱了贫困。

正当他到处拼命拉资金找项目时,却不幸被诊断为血癌。因为交不上十万元的手术押金,他决定放弃治疗。回到村里时,乡亲们正自发地为他捐款。当他捧着这沉甸甸的一大摞钱时,这个铁打的汉子忍不住潸然泪下。

手术成功了,范振喜说:"我的命是乡亲们给的,我拼了命也要让乡亲们过上好日子!"术后三个月,他不顾医嘱又开始没日没夜地忙碌。办企业,找资金,上项目。几年间,村经济实力突飞猛进。

看他这个"病秧子"干起工作像"拼命三郎",乡亲们都说:"他不是病人,他是个'铁人'。"但范振喜终究不是铁打的,超负荷的工作让他几次昏迷,还先后患上了心梗、脑梗、干眼症,经历了三次大手术,接到过四次病危通知,每天服用十多种药,不停地点眼药水……他知道,自己的生命随时可能停止,他要在有生之年为乡亲们"拼命",为村里"拼"来好日子。

2012年,全村散居在七沟八岔的村民全部搬到中心村,住上了水电暖气齐全的新楼房。2019年,全村固定资产超八亿元,人均收入超1.8万元。

如今的周台子村,山清水秀,楼房整洁,基础设施一应俱全,成为远近闻名的"全国文明村镇"。范振喜连续当选为党的十六大、十七大、十八大、十九大代表，2018年还被聘为国家监察委员会特约监察员，先后获得"全国劳动模范""全国优秀共产党员""全国最美基层干部""人民满意的公务员"等30多项荣誉。

"亦余心之所善兮，虽九死其犹未悔。"30多年来，范振喜承受着各种压力，忍受着病痛折磨，但靠着共产党员坚定的理想信念扛了过来。如今，年近六旬的范振喜仍然怀着全心全意为人民服务的信念，拖着病体，继续为周台子村的未来"拼着命"。

"把屁股端端地坐在老百姓的这一面"

2021年9月14日，在陕西省榆林市考察调研的习近平总书记走进绥德县疏属山下的中共绥德地委旧址。展厅里有两行字十分醒目："站在最大多数劳动人民的一面""把屁股端端地坐在老百姓的这一面"。

"端端地，这是关中话，稳稳正正地。"总书记强调，老一辈革命家坚持"党的利益在第一位"，坚持"站在最大多数劳动人民的一面"，坚持"把屁股端端地坐在老百姓的这一面"，有着重大教育意义。中国共产党领导人民取得革命胜利，是赢得了民心，是亿万人民群众坚定选择站在我们这一边。

1944年秋，在绥德地区召开的司法会议上，时任绥德地委书记的习仲勋发表了题为《贯彻司法工作的正确方向》的讲话，他要求：一、把屁股端端地坐在老百姓的这一面。二、不当"官"和"老爷"。三、走出"衙门"，深入乡村。

新中国成立50周年庆典时，习仲勋在天安门城楼上观礼，他感慨地说："江山就是人民，人民就是江山。"这不仅是一位为人民奋斗终身的老革命家的心声，也是颠扑不破的真理。

从"把屁股端端地坐在老百姓的这一面"到"群众需要什么就干什

铸就辉煌 逐梦未来

陕西绥德郝家桥村

么",再到"始终把人民利益放在最高位置",一代代共产党人生动诠释了"中国共产党是什么,要干什么"。

距离中共绥德地委旧址8公里外的郝家桥村,是绥德地委在抗战时期经过调查研究发现的一个模范村,1944年获陕甘宁边区"农村楷模"称号。习近平总书记考察时来到村里,走村入户看得仔细。

在陕西这块红土地上,7年知青岁月,习近平同志给人们留下了"群众需要什么,近平就干什么"的难忘印象。总书记对陕北牵挂在心,他曾经深情写道:"作为一个人民公仆,陕北高原是我的根。"

在村里,习近平总书记对大家说:"让乡亲们过好光景,是我们党始终不渝的初心使命,共产党就要把这件事情干好,不断交上好答卷。"

"继承发扬革命传统和优良作风,不断交上好答卷,让乡亲们过好光景,群众就会愿意相信你、跟随你。"郝家桥村党支部书记、村委会主任刘振喜由衷感慨。

从脱贫攻坚到乡村振兴，郝家桥村干部群众铆足干劲儿，建成2000亩山地苹果生态果园，在山沟沟里闯出一条致富路。

习近平总书记指出："我们要继承发扬革命传统和优良作风，始终把人民利益放在最高位置，不忘初心、牢记使命，贯彻党的群众路线，尊重人民主体地位，始终同人民站在一起、想在一起、干在一起。"

全面加强党的领导

  我们全面加强党的领导,明确中国特色社会主义最本质的特征是中国共产党领导、中国特色社会主义制度的最大优势是中国共产党领导,中国共产党是最高政治领导力量,坚持党中央集中统一领导是最高政治原则,系统完善党的领导制度体系,全党增强"四个意识",自觉在思想上政治上行动上同党中央保持高度一致,不断提高政治判断力、政治领悟力、政治执行力,确保党中央权威和集中统一领导,确保党发挥总揽全局、协调各方的领导核心作用,我们这个拥有九千六百多万名党员的马克思主义政党更加团结统一。

——习近平在中国共产党第二十次全国代表大会上的报告,
2022年10月16日

阅读导航

坚持和加强党的全面领导,是党的十八大以来取得的最重要成就之一,也是党和国家事业取得历史性成就、发生历史性变革的最根本保证。从保证党的团结统一,加强和维护党中央集中统一领导,到严肃党内政治生活,严明党的政治纪律和政治规矩;从健全党的领导制度体系,确保党在各种组织中发挥领导作用,到坚持民主集中制,完善推动党中央重大决策落实机制……党的十八大以来,以习近平同志为核心的党中央围绕坚持党的全面领导作出一系列重大决策部署,党中央权威和集中统一领导得到有力保证,党的领导制度体系不断完善,党的领导方式更加科学,全党思想上更加统一、政治上更加团结、行动上更加一致,党的政治领导力、思想引领力、群众组织力、社会号召力显著增强。

理论引航

中国共产党是最高政治领导力量,坚持党中央集中统一领导是最高政治原则。旗帜鲜明讲政治、保证党的团结和集中统一是党的生命,也是我们党能成为百年大党、创造世纪伟业的关键所在。2021年9月13日,正在陕西榆林考察的习近平总书记来到米脂县城东南的杨家沟革命旧址。70多年前,中国共产党中央机关在这个小山沟进驻了120天,毛泽东同志在这里写下40余篇文献及80余封电文稿,指挥全国解放战争。随着电台的电波,"毛主席和党中央的声音"从陕北窑洞飞向大江南北,全党全军都无条件执行"嘀嗒、嘀嗒"的命令,摧枯拉朽、克敌制胜。抚今追昔,习近平总书记深刻指出,"要始终坚持和完善党的领导。"这一明确要求,揭示了我们党不断从胜利走向胜利的重要密码。

坚持和加强党的全面领导,坚持和加强党中央集中统一领导,这是党的十八大以来取得的最重要成就之一,也是党和国家事业取得历史性成就、发生历史性变革的坚强政治保证。我们不会忘记,决战决胜脱贫攻坚,一声令下,25.5万个驻村工作队、300多万名第一书记和驻村干部同广大村干部一道奋战在扶贫一线;我们不会忘记,面对突如其来的新冠疫情,一声令下,三军星夜齐发、举国八方支援,460多万个基层党组织冲锋在前,400多万名社区工作者在全国65万个城乡社区日夜值守,14亿多中国人民同呼吸、共命运,肩并肩、心连心……实践无可辩驳地证明:风雨来袭之时,中国共产党是中国人民最可靠的主心骨;披荆斩棘之路,中国共产党是中华民族复兴征程上最坚强的领导核心。

维护党中央集中统一领导,是一个成熟的马克思主义执政党的重大建党原则。习近平总书记深刻指出:"我们这么大一个党、这么大一个国家,如果党中央不能实行坚强有力的集中统一领导,就会出现各自为政、自行其是的局面,那就什么事情也干不成。"维护党中央集中统一领导是具体的而不是抽象的,首先要落实到坚定维护党中央权威上,落实到增强"四个意识"、坚定"四个自信"、做到"两个维护"的实际行动上。任何时候任何情况下都要坚持同党中央保持高度一致,在党中央统一指挥的合奏中形成和声,决不能荒腔走板、变味走调;任何时候任何情况下都要坚持以党的旗帜为旗帜、以党的方向为方向、以党的意志为意志,做到党中央提倡的坚决响应,党中央决定的坚决照办,党中央禁止的坚决不做,时常对标对表,及时校正偏差;任何时候任何情况下都要坚持对党绝对忠诚,与党中央同心同德,真心爱党、时刻忧党、坚定护党、全力兴党。

全党有核心,党中央才有权威,党才有力量。新时代这十年,党面临形势环境的复杂性和严峻性、肩负任务的繁重性和艰巨性世所罕见、史所罕见。以习近平同志为核心的党中央团结带领全党全国各族人民迎难而上、砥砺奋进,攻克了许多长期没有解决的难题,办成了许多事关长远的大事要事,推动党和国家事业取得举世瞩目的重大成就。亲身经历非凡十年的历史性成就、历史性变革,亲眼见证一个个"当惊世界殊"的发展奇迹,我们更深刻感悟到,"两个确立"是推动党和国家事业取得历史性成就、发生历史性变革的决定性因素,是战胜一切艰难险阻、应对一切不确定性的最大确定性、最大底气、最大保证。

新征程上,只要全党全国各族人民在党的旗帜下团结成"一块坚硬的钢铁",心往一处想、劲往一处使,时刻在政治立场、政治方向、政治原则、政治道路上同党中央保持高度一致,就一定能够推动中华民族伟大复兴号巨轮乘风破浪、扬帆远航。

开拓实践

天堑变通途:集中力量办大事　补上发展短板

习近平总书记在决战决胜脱贫攻坚座谈会上指出:"我们在脱贫攻坚领域取得了前所未有的成就,彰显了中国共产党领导和我国社会主义制度的政治优势。"党的十八大以来,在以习近平同志为核心的党中央坚强领导下,贵州作为全国脱贫攻坚战主战场之一,集中各方力量啃下了一个个硬骨头,攻下一个个深贫堡垒,66个贫困县全部脱贫摘帽,923万贫困人口全部脱贫,192万人搬出大山,减贫人数、易地扶贫搬迁人数均为全国之最,让这里实现了"千年之变"。

从高空俯瞰,贵州麻山地区的麻怀村宛如一条鱼,"鱼头"的位置,是一条隧道。驱车通过这条长216米、宽4米、高5米的隧道,只需短短30多秒,却凝聚着当地村民15年的艰辛努力。

生活在群山包围之中的村民,数百年来深受交通不便之苦。"小孩八九岁才能上学,走路来回六个小时;老人生病、孕妇难产要抬到大路边候车;果子熟了烂在岩缝里;村民建房,物资全靠肩挑背驮……"在村里的陈列馆中,我们能够找到许多对往日的描述。

铸就辉煌　逐梦未来

贵州麻怀隧道

　　为打通出山路，从 1999 年冬天开始，被称为当代"女愚公"的邓迎香和乡亲们一起开山凿洞。经过十余年的艰苦努力，2014 年，一条隧道终于建成。有了这条出山路，整个村子的面貌发生了翻天覆地的变化。荷塘、凉亭、步道，一处处乡村旅游设施逐渐完善。

　　从秦朝开五尺道，到元朝修建驿道，再到明朝形成五条通往外省的主要驿道，历经千年，群山阻隔的贵州长期处于"孤岛"状态。行路难，曾是制约贵州脱贫的最大短板。

　　昔日"地无三尺平"的贵州，如今实现了从"千沟万壑"到"高速平原"的重大跨越。脚下的路通了，发展的思路也打通了。贵州农业产业的规模、产量、产值显著提升，蔬菜、食用菌、茶叶等 12 个农业特色优势产业蓬勃发展。如今，贵州田间地头的农产品装上车就能发往各地，销售半径从平均不到 300 公里，延伸至东部沿海地区及国际市场。

贵州北盘江第一桥

截至2020年底,全国贫困地区新改建公路110万公里、新增铁路里程3.5万公里,贫困地区具备条件的乡镇和建制村全部通硬化路、通客车、通邮路,贫困地区因路而兴、因路而富。

党的十八大以来,全国把基础设施建设作为脱贫攻坚基础工程,集中力量,加大投入,全力推进,补齐了贫困地区基础设施短板,推动了贫困地区经济社会快速发展。

这是一场在中国共产党领导下,发挥全国一盘棋的制度优势,举全国之力打赢的脱贫攻坚战:实施东西部扶贫协作,东部9个省、14个市结对帮扶中西部14个省区市,全国支援西藏和新疆,东部343个经济较发达县市区与中西部573个贫困县开展携手奔小康行动;开展定点扶贫,307家中央单位定点帮扶592个贫困县;2012年到2020年,各级财政专项扶贫资金累计投入1.6万亿元,扶贫再贷款累计发放6688亿元……

"从政治基础看,精准扶贫必须坚持中国共产党的领导和发挥社会主义制度集中力量办大事的优势。"中国扶贫发展中心主任黄承伟说。

这是世界上其他任何政党所做不到的。能够创造这一人间奇迹的一个最重要原因,就是中国共产党是一个具有强大领导力、组织力、号召力、战斗力的政党,是一个初心恒定、信仰坚定、组织严密、纪律严明、团结奋进、始终把人民利益放在最高位置的伟大政党。在实现脱贫攻坚这场伟大事业中,中国共产党的坚强领导力得到淋漓尽致地展现。

全面建成小康社会

我们经过接续奋斗,实现了小康这个中华民族的千年梦想,我国发展站在了更高历史起点上。我们坚持精准扶贫、尽锐出战,打赢了人类历史上规模最大的脱贫攻坚战,全国八百三十二个贫困县全部摘帽,近一亿农村贫困人口实现脱贫,九百六十多万贫困人口实现易地搬迁,历史性地解决了绝对贫困问题,为全球减贫事业作出了重大贡献。

——习近平在中国共产党第二十次全国代表大会上的报告,

2022年10月16日

铸就辉煌　逐梦未来

阅读导航

新时代十年来，党和国家完成了脱贫攻坚、全面建成小康社会的历史任务。中国全面建成小康社会，击碎了西方国家鼓吹的文明冲突、文明优越等陈词滥调，向世界传递了中国价值，展现了全新的中国形象。在完成脱贫攻坚、全面建成小康社会的新起点上，中国式现代化要系统整体全面地实现更高质量、更有效率、更加公平、更可持续、更为安全的发展，为人类文明开辟一条新的出路，真正实现天下大同、世界美好。

理论引航

党的十八大以来，以习近平同志为核心的党中央团结带领全党全国各族人民攻坚克难、决战决胜，我们终于在中华大地上全面建成小康社会，历史性地解决了绝对贫困问题，夺取了新中国建设、中华民族伟大复兴进程中的历史性胜利，写下了中国经济社会发展、人类文明进步历史上浓墨重彩、绚丽夺目的一笔。

全面建成小康社会作为党和人民团结奋斗赢得的历史性胜利，意味着社会主义能够创造出更高水平的生产力，勃发整个社会从经济基础到上层建筑各个方面变革重组的根本动力，支撑中国社会发展向更高层面的美好样态不断展开和逐步演进；标志着绝对贫困的彻底消除，人民生活水平的整体提升。与此同时，中国人民朝着实现共同富裕、过上美好生活的宏伟目标阔步迈进。全面建成小康社会科学解答了"人们首先必须吃、喝、住、穿"这一人类经济社会发展的重大基础性课题，成功实现了"民亦劳止，汔可小康"这一中华儿女企冀、追逐数千年的梦想，铸就了中华民族发展史上的重要里程碑，有力提振了全党全国人民以中国式现代化全面推进中华民族伟大复兴的信心和决心。

全面建成小康社会为中国特色社会主义持续发展奠定了坚实基础。全面建成小康社会解放和发展了社会生产力,我国综合国力显著增强。特别是新时代十年来,我国以科技赋能生产力的方式,完成从粗放式量的积累到集约式质的飞跃,实现生产力根本性变革、经济结构优化调整,为全面建设社会主义现代化国家提供了持久动力;全面建成小康社会创造了丰富的制度成果,形成了以坚持党的领导为核心与统领,涵括根本制度、基本制度、重要制度等系列制度类型,为之后顺利推进中国式现代化行稳致远提供了不可或缺的保障支撑;全面建成小康社会是中国共产党顺应历史潮流、兑现政治承诺,践履为中国人民谋幸福、为中华民族谋复兴之初心使命的关键一招,广大人民群众赢得了实实在在的物质实惠、取得了丰沛充盈的精神满足,中国共产党得到了广大人民群众的拥护和支持,使实现第二个百年奋斗目标的现实基础更加广泛深厚、更为牢固坚实,汇聚凝结出了全面建设社会主义现代化国家、全面推进中华民族伟大复兴的磅礴伟力。

习近平总书记指出:"中国共产党为什么能,中国特色社会主义为什么好,归根到底是因为马克思主义行!"党的十八大以来,党把脱贫攻坚作为全面建成小康社会的底线任务,在过去长期扶贫工作的基础上,对剩余的贫中之贫、困中之困的贫困问题发起攻坚战,取得了全面胜利,创造了我国乃至人类减贫史上的奇迹。全面建成小康社会是第一个百年阶段的具体目标,在实现中华民族伟大复兴进程中起着承上启下的关键作用,是具有鲜明的马克思主义底色、浓郁的中华民族特色,符合当代中国发展实际的理论创新和实践创举,以原创性贡献丰富了马克思主义中国化时代化的理论宝库。

全面建成小康社会后我们的下一个目标,就是全面建成社会主义现代化强国。党的二十大在十九大的基础上,对全面建成社会主义现代化强国"两步走"的战略安排进行了宏观展望,重点部署了未来5年的战略任务和重大举措。面向未来,我们有信心、有底气、有能力实现新的奋斗目标,创造新的更大奇迹。

开拓实践

远抓苹果近抓牛，当年脱贫抓劳务

金秋时节，甘肃静宁迎来苹果采摘旺季。漫山遍野的苹果树，红彤彤的果子缀满枝头，映红了山涧沟壑，田间地头随处可见果农忙碌的身影，拉运苹果的车辆络绎不绝，到处洋溢着丰收的喜悦。

面对"老百姓不种粮食种苹果？"的质疑，静宁县果树果品研究所所长李建明说："我们不仅靠苹果吃饱了肚子，还过上富足的好日子。"

"远抓苹果近抓牛，当年脱贫抓劳务"就是静宁脱贫模式。

远抓苹果

静宁全县226个建档立卡贫困村有112个发展为果品专业村，苹果产业成为静宁富民强县的支柱产业。

小苹果带来"金山银山"，也造就了绿水青山。静宁县累计栽植苹果林101.2万亩，对当地森林覆盖率、森林蓄积量指数提升作出了重要贡献，局部气候发生明显变化，年均蒸发量减少125毫米，湿润度提高13%。全县年涵养水源量达到2亿吨，年减少水土流失2.4亿吨。

近抓牛

静宁县培育组建养牛合作社，积极推广"国有平台公司＋龙头企业＋合作社＋农户（贫困户）"模式，鼓励有条件的乡镇创办养牛产业联合社。养牛基地带动了村民增收脱贫。据介绍，静宁县西北部贫困片带的界石铺、原安、四河等14个乡镇，大力推广"补助建棚、贷款养牛、母牛补贴、购牛奖补"政策，累计扶持新建暖棚9020座，建成养殖小区136个，发展养牛大户6400个，肉牛饲养量达到10.7万头，63个村稳定培育了养牛主导产业，2019年畜牧业增加值达到4.3亿元。

丰收

当年脱贫抓劳务

静宁县建立完善"党组织＋智慧平台＋劳务公司＋企业＋劳动力"机制,建成劳务基地131处,创办"扶贫车间"67个,开发公益性岗位5349个,选聘生态护林员2552名、草原管护员333名,年培训贫困劳动力1万人次以上、输转4万人次以上,实现村有当家产业、户有致富门路、人有一技之长。通过"点对点"开展劳务输转,静宁县有务工意愿的建档立卡贫困人口全部实现稳定就业。

用双手绣出好日子

"以前步行出村到集市要走近两小时,现在坐车10多分钟就到了。"作为十八洞村发展的见证者与参与者,今年68岁的老支书石顺莲

深有体会。

2013年,习近平总书记来到十八洞村,同村干部和村民代表围坐在一起,亲切地拉家常、话发展。习近平总书记表示,扶贫要实事求是,因地制宜。要精准扶贫,切忌喊口号,也不要定好高骛远的目标。可人均耕地只有0.83亩,到底能发展什么?正当老支书发愁时,身上的苗绣给了她灵感,她鼓起勇气提出发展苗绣产业的想法。

"要为村里的留守妇女谋一条出路。"2014年,从村支书位置上退下来的石顺莲并没有闲着,而是把家里的3间瓦房改造成了苗绣培训和生产的工坊,成立了十八洞村苗绣特产农民专业合作社。为了让苗绣产业稳固发展,石顺莲积极争取有关部门的支持,先后与公司、院校达成产业合作,走出了一条"公司+合作社+农户"的经营管理模式,不仅盘活了深山里的苗绣产业,还让大多数留守妇女有了新的"身份"。

2021年,为庆祝中国中车集团创立140周年,合作社内8位绣娘耗时23天,用50多种绣线、60余万针,绣制了一幅《巨龙凌云》。每每提起这幅得意之作,石顺莲都会自豪地说:"现在每年的订单光中车一家,就有10万呢,我们妇女也能在家门口挣钱了!"

苗绣搭上了"高铁",小针线做出了大买卖。石顺莲看着一幅幅精美的苗绣感叹道:"如果习近平总书记再来十八洞村,我一定要告诉他,我们的苗绣产业发展起来了,日子也越过越好了。"据了解,目前合作社内共有绣娘54人,其中非遗传承人8人。回想过去的几十年,石顺莲见证了大山里的苗族村寨一点一滴的变化,很是感慨。石顺莲说:"有人羡慕我,说现在十八洞村大变样,我们嫁过来是嫁对了。其实,我们有现在的好日子,都是我们凭双手绣出来的。"

幸福路上一个都不能少

党的十八大以来,在中央政府和全国人民大力支持下,西藏各族干部群众艰苦奋斗、顽强拼搏,让西藏彻底摆脱了束缚千百年的绝对贫困问题,与全国一道全面建成小康社会,呈现出生机勃勃的繁荣景象。

纸短情长,一封封书信传递着对雪域高原的深情挂念

西藏工作历来是党和国家全局工作的重要组成部分。近年来的多封信笺都传递出习近平总书记对雪域高原的深深牵挂。

2017年10月28日,习近平总书记在给西藏隆子县玉麦乡牧民卓嘎、央宗姐妹的回信中指出:"有国才能有家,没有国境的安宁,就没有万家的平安。祖国疆域上的一草一木,我们都要看好守好。希望你们继续传承爱国守边的精神,带动更多牧民群众像格桑花一样扎根在雪域边陲,做神圣国土的守护者、幸福家园的建设者。"

2018年10月15日,习近平总书记致信祝贺西藏民族大学建校60周年指出:"西藏民族大学60年来取得的成绩,是在党的领导下西藏各

铸就辉煌　逐梦未来

欢颜

项事业蓬勃发展、西藏各族人民生活不断改善的生动体现。"

2019年6月14日,"2019·中国西藏发展论坛"在西藏拉萨举行。习近平总书记致贺信指出:"在中国共产党领导下,短短几十年,西藏实现了历史上最广泛最深刻的社会变革,百万农奴翻身解放,成为国家和社会的主人。在中央政府和全国人民大力支持下,西藏人民团结奋斗,把贫穷落后的旧西藏建设成了经济文化繁荣、社会全面进步、生态环境良好、人民生活幸福的新西藏。"

2023年5月23日,习近平总书记向"2023·中国西藏发展论坛"致贺信指出:"人民幸福是最大的人权,发展是实现人民幸福的关键。"

在习近平新时代中国特色社会主义思想指引下,西藏取得了全方位进步、历史性成就,呈现出政治安定、社会稳定、经济发展、民族团结、宗教和睦、边防巩固、人民安居乐业的发展景象。

今天的西藏,2019年实现整体脱贫,74个贫困县(区)全部摘帽,

62.8万建档立卡贫困人口全部脱贫。2022年脱贫人口人均收入达到1.38万元,脱贫成果得到进一步巩固。

今天的西藏,经济总量从1959年的1.74亿元增长到2022年的2165亿元以上;粮食产量由1959年的18.29万吨增加到2022年的107万吨;2022年城乡居民人均可支配收入分别达到48753元、18209元。比2021年分别增长约8%和10%左右。

今天的西藏,人口已由1959年的122.8万人增长到2021年的364.81万人,其中藏族人口占86.01%,人均寿命达到72.19岁。全面建立以养老、医疗、失业、工伤和生育五大保险为主体的覆盖城乡全体居民的社会保障体系,目前各类社会保险参保人数达320.38万人次。

小村巨变,村集体经济收入超千万、人均年收入10年间翻了20多倍

走进拉萨河南岸的慈觉林村,水泥硬化路面宽阔通畅,太阳能路灯沿线挺立,小块的绿地上绿树成荫、花朵盛开。道路两旁,一座座多层的白墙红顶藏式小楼有序分布,房屋配置的落地窗、门前屋后的小汽车洋溢着现代化的气息。

过去,这片15平方公里的狭长山沟里,村民长期处于贫困状态。提起村子的变化,藏族大妈拉次十分激动,她拿起手机展示了几张照片:照片中的慈觉林村一片灰蒙蒙,通村的土路尘土飞扬,路边的几间土房子残破老旧,远处的耕地上村民在劳作……"照片是之前拍摄的,那时候村里都是土路,房子也破破烂烂的。我们离拉萨市区只有几公里,但去一趟城里要很长时间,只能坐拖拉机或者走路去,自己家有汽车、电动车这些当时都不敢想象。"

党的十八大以来,以习近平同志为核心的党中央以前所未有的力度推进脱贫攻坚,把贫困地区作为脱贫攻坚重点区域,聚焦深度贫困地区和特殊贫困群体,优化政策供给,下足"绣花"功夫。从巍峨高耸的喜马拉雅山到一望无垠的藏北草原,从千沟万壑的藏东乡村到遥远壮阔

的"天上阿里",西藏社会面貌日新月异,人民生活蒸蒸日上,慈觉林村也发生了令人欣喜的变化。

《文成公主》是西藏自治区重点打造的藏文化大型史诗剧,讲述了1300多年前文成公主与松赞干布和亲的历史故事,800余名演职人员中有95%的本地农牧民,通过文化扶贫、产业扶贫的方式,有效带动区域经济全面脱贫、助力乡村振兴。《文成公主》实景演出不仅让村民走上舞台,连村民家里的牛羊也拿起了"工资"。村民索朗次仁凭借着150多只羊在剧中的演出,每个演出季家中可增收7.8万余元。随着周边的商业配套逐步发展起来,他的儿子回村当起了卡车司机,每月收入万元有余。

激扬梦想,全面建成小康社会"一个都不能少"

坐在装修一新、极具特色的藏式小洋楼前,藏族大妈拉次用流利的普通话高兴地介绍着,"2012年之后,政策越来越好,我们家以前的土房子现在成了小洋楼,不但4口人完全够住,多的还能租出去赚钱。不仅我们家这样,村子里很多户都这样。"

在《文成公主》项目开始建设时,拉次就参与其中,从事保洁工作,现在已经成为保洁主管,每个月有7000多元的工资。"以前我什么都不懂,种地也没有太多收入,更不会说汉语。有了工作后,不仅收入多了,见识也广了,现在学汉语这个愿望也实现了,生活有了很大的变化。"

像拉次家一样发生翻天覆地变化的,在慈觉林村并不少见。为保护极高海拔地区生态环境,改善群众生产生活条件,西藏自治区自2018年开始实施极高海拔生态搬迁项目,涉及20个县居住在海拔4800米以上地区的13万多人。得益于党和政府的好政策,德吉宗巴和老乡们一起从墨竹工卡县整体搬迁,告别了曾经种地放牧的生活,开启了全新的城市生活。

搬迁到慈觉林村后,在这里立足成了德吉宗巴的愿望。当时,看到《文成公主》实景演出的招聘信息,德吉宗巴就报了名,通过一系列演出培训和技能训练,德吉宗巴如愿在剧场当上了群众演员。她很快找到感觉,在剧目里扮演多个角色,凭借着兼职演出,每月可增收4000多元,"不怕在城里面落不下脚了,生活越来越好了"。

在党中央坚强领导下,西藏持续巩固拓展脱贫攻坚成果上台阶、乡村全面振兴见实效,雪域高原各族群众获得感、幸福感、安全感不断提升。

镌刻着奋斗精神的队旗

北京展览馆"奋进新时代"主题成就展,用6000项展览要素,展现了新时代十年的非凡历程。中央综合展区的玻璃展柜里,一面红色旗帜上的"攻坚"二字格外醒目,吸引了大量观众的目光。

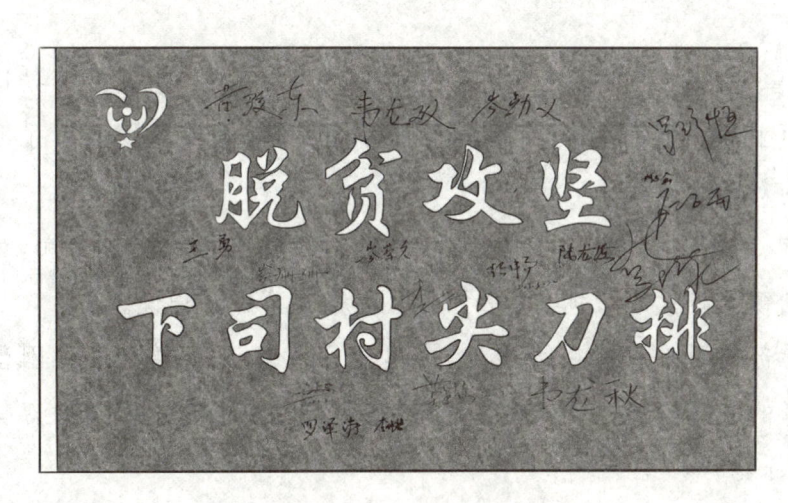

下司村脱贫攻坚尖刀排队旗

这是独山县下司村脱贫攻坚尖刀排队旗。作为展现新时代十年非凡历程的一个典型,被写进2022年10月15日《人民日报》文章《十年砥砺奋进 绘写壮美画卷》。

2018年,黔南州独山县从县直部门选派了586名干部组建61个驻村尖刀排,分赴61个村(社区),决心用两年时间攻克脱贫攻坚最后堡垒。

下司村是下司镇政府所在地,总面积25平方公里,下辖11个村民小组、937户、3875人,全村建档立卡户165户533人。下司村当时部分村民小组基础设施短板明显,很多地方没有活动广场;加上镇政府所在地土地较少,产业扶贫上面临不小挑战。

为破解耕地稀缺这一难题,2018年,村支两委班子、驻村"尖刀排"大胆提出"飞地模式",打破村与村之间行政、地域界限,向邻村租借土地发展产业,利用北盛村现有耕地资源流转土地,共同合股出资50%,引入专业合作社出资50%并负责田间管理、技术指导、市场销售等,发展500亩豇豆种植,积极吸纳两村群众就近务工,实现三方互利共赢。

那一年,基地产出豇豆100多万公斤、产值达200余万元,在带动近百名群众就业的同时,还为下司村、北盛村村集体经济分别增加10余万元。

"喜今朝感谢党恩关怀屋宇修成千秋固,幸此日承蒙政府扶助永享安居百业兴。"这是村民莫万华家新房落成时,他专门找人写了贴在大门上的对联。

"我身体不好,干不了什么活,家里就我和小侄女相依为命,如果不是得到镇里村里的帮助,我住不上这新房子。"莫万华说。

干部们用心用情用力帮扶,在这个小村寨激起群众向贫困山头发起冲锋的志气与底气,乡亲们都亲切地称下司村脱贫攻坚尖刀排成员为"最可爱的人"。

干群齐心,其利断金。下司村共实施危房改造116户,实现安全住房全覆盖;全村绿化面积超过1万平方米,各村民小组活动场所、健身场所一应俱全,村容村貌明显改善;建档立卡贫困户165户533人,与全县人民一起如期实现脱贫。

2020年,独山县正式退出贫困县。如今的独山,正有序开展着巩固拓展脱贫攻坚成果同乡村振兴有效衔接的各项工作。这面镌刻着奋斗精神的旗帜,见证着中国打赢脱贫攻坚战这一彪炳史册的奇迹。

推进科技自立自强

我们加快推进科技自立自强，全社会研发经费支出从一万亿元增加到二万八千亿元，居世界第二位，研发人员总量居世界首位。基础研究和原始创新不断加强，一些关键核心技术实现突破，战略性新兴产业发展壮大，载人航天、探月探火、深海深地探测、超级计算机、卫星导航、量子信息、核电技术、新能源技术、大飞机制造、生物医药等取得重大成果，进入创新型国家行列。

——习近平在中国共产党第二十次全国代表大会上的报告，2022年10月16日

阅读导航

2022年6月28日,中共中央总书记、国家主席、中央军委主席习近平在湖北省武汉市考察时强调,科技自立自强是国家强盛之基、安全之要。党的十八大以来,以习近平同志为核心的党中央高度重视科技创新工作,坚持把创新作为引领发展的第一动力,把科技创新摆在国家发展全局的核心位置,对我国科技事业进行了战略性全局性谋划,坚定不移走中国特色自主创新道路,加快推进科技自立自强,取得了一系列重大创新成果,科技事业取得历史性成就、发生历史性变革,我国进入创新型国家行列。

理论引航

科技是国家强盛之基,创新是民族进步之魂。马克思明确指出,科学是一种在历史上起推动作用的、革命的力量。科学技术是最重要的生产力。科学和技术对于人类的解放,对于人类的自由来说是不可缺少的,人类的自由和解放需要依赖科技的发展。

推进科技自立自强是我们党深刻洞察国际科技创新竞争态势、深入研判国内外发展大势做出的战略抉择。习近平总书记指出,高质量发展要靠创新,我们国家再往前发展也要靠自主创新。创新是一个民族进步的灵魂,是一个国家兴旺发达的不竭动力。实践证明,中国要强盛,中华民族要复兴,就一定要大力发展科学技术,不断提升应对重大挑战、抵御重大风险,维护国家安全和战略利益的实力。关键核心技术是要不来、买不来、讨不来的。核心技术受制于人是最大的隐患,突破"卡脖子"关键核心技术刻不容缓。我们比历史上任何时候都更加迫切需要提升自主创新能力,把科技的命脉牢牢掌握在自己手中。当今世界正经历百年未有之大变局,新一轮科技革命和产业变革的深度推进,国际科技竞争日趋激烈。面对日益激烈的国际科技竞争环境,我国要建设社会主义现代化国家,必须强化国家战略科技力量,加快世界科技强国建设;必须大力推进科技创新体系建设,尤其是加快解决"卡脖子"技术攻关,掌握关键核心技术,构建未来发展的新优势。

实现高水平科技自立自强是全面建设社会主义现代化国家的必然选择,是中国式现代化建设的关键。实现中华民族伟大复兴的中国梦,必须将我国建设成为世界科技强国。科技自立自强对于提升我国经济发展质量、促进经济转型发展至关重要。我国经济正由传统粗放型经济增长模式向集约型经济发展模式转变,而这一转变需要科技支撑。实现高水平科技自立自强,在全面建设社会主义现代化国家中居于十分重要的战略地位,对于立足新发展阶段、贯彻新发展理念、构建新发展格局、推动高质量发展,赢得新一轮科技革命和产业变革主动权具有十分重要的意义。

习近平总书记指出,人民的需要和呼唤,是科技进步和创新的时代声音。在科技创新过程中,"竞争创先""交替领先"的复杂关系直接影响着世界力量对比,催生了世界政治经济力量的变化,甚至决定着各国各民族的前途命运。坚定不移走好高水平科技自立自强之路,科技创新的基础战略是自主创新,只有自主创新才能"最大限度解放和激发科技作为第一生产力所蕴藏的巨大潜能",永葆国家发展的创新动能。

高水平科技自立自强是一个系统工程,实践证明,党的领导是中国特色科技创新事业不断发展的根本政治保证。新征程上,推进科技自立自强,必须一以贯之坚持和加强党对科技事业的全面领导,健全党对科技工作的领导机制,发挥党的领导的政治优势。充分发挥市场在资源配置中的决定性作用和社会主义制度优势,加强统筹协调,大力发展协同创新,抓重大、抓尖端、抓基本,形成推进自主创新的强大合力。深入实施创新驱动发展战略,改革科技创新治理体系,优化技术创新生态体系,让科技链、人才链、资金链、政策链等科创资源环环相扣、互联互通,加快科技成果转化,促进区域产业创新集聚发展,有效激发各类人才创新活力,彰显自力更生、自主创新的本质要求,整体推进教育、科技、人才建设,科技自立自强才能真正成为国家发展的战略支撑。

开拓实践

创造新奇迹　见证新发展

历经十余年反复论证选址,四年中外设计师通力协作,五十四个月的建设工期,总参建人数十余万人,横跨京冀两地、占地27平方公里的新机场——北京大兴国际机场于2019年9月25日正式投运。

全球最大单体航站楼,世界最大单体减隔震建筑,世界首个"双进双出"航站楼,高铁下穿航站楼,最高时速达350公里,建设难度惊叹世界,英国《卫报》将其列为"新世界七大奇迹"之首。

在投运仪式上,习近平总书记强调:"大兴国际机场能够在不到5年的时间里就完成预定的建设任务,顺利投入运营,充分展现了中国工程建筑的雄厚实力,充分体现了中国精神和中国力量,充分体现了中国共产党领导和我国社会主义制度能够集中力量办大事的政治优势。"

大兴机场航站楼综合体,总建筑面积约143万平方米,相当于6个国家体育场("鸟巢")。其中,大兴机场航站楼建筑单体的面积约70万平方米。走进航站楼,最大的感受就是宽敞、明亮。楼内60%的区域可以实现天然采光。整个航站楼一共使用了12800块玻璃,其中穹顶使用玻璃8000多块,每块玻璃都有独特的角度,没有两块是完全一样的,尤其是这些玻璃使用先进的技术和材料,最大程度引入自然光,最大程度隔离紫外线,并力求为旅客提供最佳的光照度、舒适度,即便在夏天阳光直照下也不会觉得晒。这样的设计让大兴机场航站楼比同等规模的机场航站楼能耗降低20%,每年可减少二氧化碳排放2.2万吨,相当于种植了119万棵树。大兴机场开发应用103项新专利、新技术,65项新工艺、新工法。大兴国际机场不仅是国家发展一个新的动力源,更是践行"创新、协调、绿色、开放、共享"的新发展理念的新国门。

航站楼的屋顶钢结构重量4万多吨,仅用8根C形柱支撑。C形柱彼此间距200米,这些柱子所包围形成的最大空间能放下一个国家游泳中心("水立方"),为旅客提供最大的公共空间;五指廊放射型布局,大幅提升航站楼流程效率,旅客从航站楼中心点到最远端步行距离不超过600米,走路8分钟左右。5G信号全覆盖、全流程自助、无纸化通行、刷脸登机、智能安检成为北京大兴机场的新标配。以人为本的理念创新、管理创新,贯穿建设与运营全过程。大兴机场整个项目是一个全生命周期的项目,在国内首创机场建设与运营一体化模式。

北京大兴国际机场

这些年，以大兴机场为节点，现代综合交通枢纽建设迎来新篇章。高速公路、高铁、城铁……"五纵两横"骨干交通网络在这里汇合，向京津冀乃至华北地区辐射延伸。大兴机场、首都机场、天津机场、石家庄机场合理定位、差异发展，解决"吃不了""吃不饱""吃不着"的问题，形成更加完备的京津冀机场群形态，建设世界级机场群。

大兴机场向北46公里是天安门，向东北54公里可到北京城市副中心，向西南55公里为雄安新区，向东南82公里是天津市区。基础设施建设带动综合交通布局优化，实现了一小时通达京津冀主要城市，两小时内通达华北地区主要城市，三小时内覆盖中国北部地区主要城市；航站楼综合交通枢纽一体化建设，国内首次实现空铁联运最短衔接时间60分钟。

根据规划，大兴机场定位为大型国际航空枢纽，预计到2025年，年旅客吞吐量将达到7200万人次，远期可满足年旅客吞吐量1亿以上人次的需求。目前大兴机场卫星楼、机场二期的规划正在进行中。一面高悬在航站楼中央的五星红旗，迎来送往四面八方的旅客，也将见证"凤凰"展翅给这片土地带来的新奇迹，见证中国在新时代的新发展。大兴机场不仅是中国智慧、中国速度和中国力量高度凝结、完美呈现的时代性地标，更展现出党的十九大以来，我们党高瞻远瞩，以清晰的行动纲领指引人民实干兴邦、攻坚克难的磅礴伟力。

"白鹤"舞金沙——我国建成世界最大"清洁能源走廊"

在云南省巧家县和四川省宁南县交界的金沙江干流河段之上，有一座卫星上清晰可见的庞然巨物，它就是目前世界在建规模最大、技术难度最高的水电工程——白鹤滩水电站。

白鹤滩水电站与金沙江乌东德、溪洛渡、向家坝以及长江三峡、葛洲坝水电站，共同构成一条世界最大的清洁能源走廊，是实施"西电东送"的大国重器。这条走廊跨越1800公里，形成总库容919亿立方米的梯级水库群和战略性淡水资源库,其中防洪库容376亿立方米,占2022年长江流域纳入联合调度范围水库总防洪库容的53%以上,对保障长江流域防洪、发电、航运、水资源利用和生态安全具有十分重要的意义。

在外观上,白鹤滩水电站特高拱坝高度289米,相当于100多层楼的高度,首次全面采用我国自主研制的新型低热水泥。

金沙江白鹤滩水电站

如果以总装机容量大小为排行,白鹤滩水电站在全世界范围内以1600万千瓦位居第二,仅次于三峡水电站。白鹤滩水电站拥有单机容量100万千瓦的发电机组,位居全球单机容量世界第一,左右岸共安装有16台,均为我国自主研制。这样的一台机组直径16.2米、高达50米,转子重量就超过2000吨,转轮每转一圈可发电约150度,相当于一个普通家庭一个月的用电量。

2021年6月28日,白鹤滩水电站首批机组开始并网发电,2022年

5月中下旬,位于白鹤滩水电站右岸地下厂房内的9号机组总装工作完成,标志着白鹤滩水电站16台机组总装工作全部完成,进入全面投产冲刺阶段。

全部机组投产发电时,白鹤滩水电站每年发电量相当于1960万吨标准煤发电,减少排放二氧化碳5160万吨。每一度电,都在为长江经济带绿色发展增色。白鹤滩水电站工程规模巨大,地质条件复杂,工程建设创造了百万千瓦水轮发电机单机容量、300米级高拱坝抗震设防指标、地下洞室群规模等六项世界第一。白鹤滩水电站是党的十八大以来开工建设、党的二十大以后全面建成的大型水电工程,是实施"西电东送"的国家重大工程。工程全部采用国产的全球单机容量最大百万千瓦级水轮发电机组,实现我国高端装备制造重大突破。

白鹤滩水电站投产运营对我国能源结构调整、长江经济带建设、区域经济协调发展等有着重大意义。

中国天眼:星辰大海,无限征途

2021年3月31日,"中国天眼"(FAST)正式向全球天文学家开放。"中国天眼"是什么?它是我国具有自主知识产权、用于探索宇宙的单口径球面射电望远镜。有了它,可以推动对宇宙深空的了解与探测,为天文学的发展提供新的可能。

"中国天眼"有多大?它口径500米,发射面积相当于30个标准足球场那么大。如果在里面倒满矿泉水,全世界70亿人平均每人可分4瓶。它能看多远?能看穿130多亿光年的区域,接近宇宙边缘。目前,"中国天眼"是世界上最大的也是最灵敏的单口径射电望远镜。

"中国天眼"的学名是500米口径射电望远镜。到底能建口径多大的望远镜,取决于最终找到多大的洼地。适宜的洼地非常难找,因为它要同时符合四大条件。首先,要足够大、足够圆,否则只是开挖和支护成本就会让这个项目无法实现;其次,要远离人口密集区域,这样

中国天眼（FAST）

才能保证优良的电波环境；再次，不能积水，不然设备寿命难以保证；最后，还要有优良的地质条件，否则无法建成大型、高精度的天文观测设备。

从1994年到2006年，南仁东带领团队，从8000多幅地图中选出300多个洼坑，再进一步将范围缩小至几十个。团队几乎走遍这些洼地，现场踏勘，风餐露宿。最终，将台址定在贵州平塘县克度镇的大窝凼洼地。台址确定后，关键技术无先例可循、关键材料需从头研制。以南仁东为代表的中国科学家开始"中国天眼"的探索，开启了"把不可能变成可能"的征途。

"中国天眼"设计不同于世界上已有的单口径射电望远镜。作为世界首创，"中国天眼"的"视网膜"是主动反射面，可以改变形状，一会儿是球面，一会儿是抛物面。具体来说，这张庞大的可动的"视网膜"是一张由6670根钢索编制的索网，挂在一个由50根巨大钢柱支撑的直径

500米的圈梁上；索网上铺有4450块、380多种反射面单元；索网下方是2225根下拉索，每一根下拉索都被固定在地面上的作动器上，通过操纵作动器，拉动下拉索来改变索网形状，从而对天文信号进行收集和观测。"中国天眼"的"瞳孔"即馈源舱，也是一个大胆的突破性设计。大多数传统射电望远镜的"瞳孔"位置是固定的，或仅可以微调。"中国天眼"则完全不同，采用的是全新的轻型索驱动控制系统，这让"中国天眼"的"瞳孔"可以自如改变角度和位置，更有效地收集、跟踪、监测更丰富的宇宙电磁波。从体量来说，原世界第一大射电望远镜的馈源舱重1000多吨，"中国天眼"馈源舱重仅约30吨。体积小带来多方面的优势，比如可有效减少光路遮挡、减少干扰信号，从而让波束非常干净，更有利于天文观测。

要实现反射面（即索网）可改变形状这个世界首创设计，要求构成索网的钢索像弹簧一样有一定伸缩性，疲劳强度是现有标准的两倍多，国际上未有先例；还要求每根钢索的加工精度要达到1毫米，把传统标准提升了一个数量级。科学家们持续全方位地改进索体工艺，一根钢索要进行200万次疲劳实验。经历了近百次的失败后，最终成功解决了这个关键问题，实现了超大跨度、超高精度、主动变位式的索网结构。

建设完成之后，"中国天眼"进入调试阶段。巨型望远镜调试涉及天文、测量、控制、电子学、机械、结构等众多学科，是强交叉学科的应用性研究，国际上传统大射电望远镜的调试周期很少低于4年。"中国天眼"开创了新模式，其调试工作也更具挑战性。

"中国天眼"直径500米，却要实现毫米级的精度，难度相当大。当前，望远镜测量基准网的精度已提升至1毫米以内，其中，灵敏度水平是世界第二大望远镜的2.5倍，这是中国建造的望远镜第一次在灵敏度这个参数上占据制高点。另外，19波束已经完成安装，其意义也非常重大：可将望远镜视场扩大至原来的19倍，大幅提升望远镜的巡天效率。

"中国天眼"团队敢想敢做，难度大、挑战大，其设计、建造的过程既是攻坚克难的过程，也是创新性成果相继产生的过程。许多具有我国自主知识产权的专利技术相继诞生并得到应用。超高疲劳性能钢索结构被应用于大型体育场馆，高精度索结构生产体系被应用于港珠澳大桥等建设，等等。

在整个制造、安装过程中，4450块反射单元、6670根钢索、上万个关节轴承，都是工人们在几十米高空一块块、一根根、一个个拼装完成的，容错率为零。这些复杂工法将有助于未来大型复杂项目的精准建造。

可以说，"中国天眼"是一个现代工程奇迹，它凝结了20多个科研机构、上百名科研人员的心血，汇聚了几千名一线工人的汗水。建造条件艰苦，潮湿、阴冷的工棚没有空调或暖气，每个人的被子潮湿得快要挤出水来，很多人在现场工作几天，身上就会起满红疙瘩。常有人说，只有中国才能做成"天眼"。做成"天眼"所依靠的，就是这种永不言弃、众志成城的精神。

接下来，"中国天眼"将进一步在低频引力波探测、快速射电暴起源、星际分子等前沿方向加大探索，加强国内外开放共享，推动重大成果产出，勇攀世界科技高峰。青年一代科学家也将努力用好凝结了中国四代科学家心血的"天眼"，产生更多科研成果，推动人类对宇宙的探索和认知。

自己的一小步，中华民族的一大步——翟志刚

万众瞩目的"神七"

2008年9月25日，万众瞩目的中国第七艘载人航天飞船"神舟七号"发射升空，开启了中国第三次载人航天飞行任务。

而这也是中国"三步走"太空发展战略第二阶段的关键一环，航天员要完成包括太空出舱、小行星伴飞等在内的数个任务，突破多项技术瓶颈。

曾经有人针对神七所执行的任务特点做过总结，认为此次任务技

铸就辉煌　逐梦未来

术跨度大、参试系统数量大、执行风险大、实施难度大,需要航天员具备超级强的自主工作能力,如果其中的任何一环出现了问题,都会导致失败。

不过"养兵千日,用在一时",祖国和人民既然有命,再苦再难他们也要迎头赶上。

险象环生的出舱

2008年9月27日,经过一段时间的调整和休息后,航天员翟志刚和刘伯明穿上了厚重的出舱服,为出舱活动做最后的准备。

然而,意外的发生往往在一瞬间,当航天员们满怀激动地将手伸向舱门,原本预演好的开舱景象没有显现。那扇厚重的大门仿佛有千斤之重,翟志刚和刘伯明用尽全身的气力也没有让它松动分毫。

虽然他们的脑海里运转了无数的想法,但在直播中所展现的依旧是不慌不忙、自信满满的动作。

当二人再次合力拉向舱门,那没有一丝缝隙的舱门终于开了一条小缝。

可是,还没等两人再进行下一步的动作,那个小缝犹如有了意识般迅速合拢,浇灭了航天员出舱的希望。

难道,这次任务就要以失败告终了吗?那么他们该如何面对在地面翘首以盼的同胞们呢?

他们又怎么甘心让这项具有划时代意义的任务就此失败呢?

思前想后,翟志刚和刘伯明决定先休息一下,一会再努力尝试一次。

经过片刻的休整,刘伯明直接递给翟志刚一把撬棍,谁也没想到,在这凝聚了中国最先进科技的宇宙飞船之内,打开舱门靠的竟然是一把最普通的撬棍。(后期调查结果显示这是因为舱内的空气没有排尽,导致内部压强高过外部,舱门才无法打开。)

然而,危机并没有因为舱门的打开而结束,反而成倍升级。

在他们打开舱门准备出舱时,刺耳的火警声猛然响起。

三位宇航员还未放下的心再次高高提起,如果是设备出了问题,或是因为撬棍和舱门的摩擦产生了火花,那么不要说出舱活动,整个轨道舱都可能出现爆炸,他们也许会在全世界人们的面前,就此消失于太空。

一时间,宇宙中,地面上,所有人都陷入了空前的紧张与害怕。

身在舱内的景海鹏几乎是在警报响起的那一刻就立刻展开了排查,舱外的两位战友和他自己的性命,还有全中国的希望都寄于他的一身,他不能慌,也不敢慌。

与此同时,身在舱外的翟志刚和刘伯明也达成了共识,即使是用生命来书写这片刻的辉煌也值了。

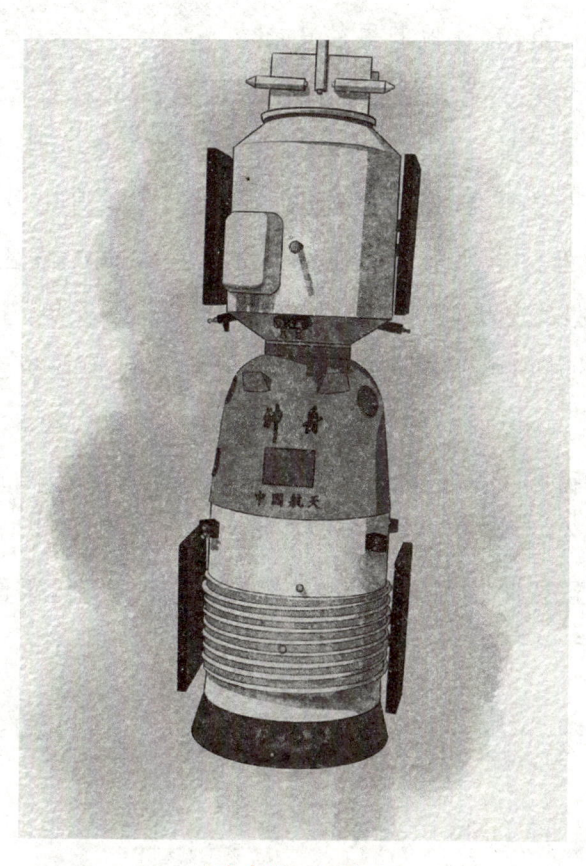

"神舟"飞船模型

铸就辉煌　逐梦未来

顺利脱险，国旗飘扬

地面的指挥中心几乎帮不上任何忙，只能通过遥控画面紧紧注视，为三人默默祈祷。

他们所听到的刘伯明和翟志刚之间的对话是这样的：

刘伯明："坚持，反正任务我们继续。"

翟志刚："明白。"

刘伯明："着火也来不及了，我们不管了！"

翟志刚："成！"

一段不到30字的对话，决定的却是他们和整个中国航天工程的命运。

在那一刻，说不怕是不可能的，可是流淌在中国人骨子里的倔强和勇敢让他们不知退缩，让他们勇往直前。

他们临时改变了先去舱外取回一块固体材料做实验模块的步骤，直接将出舱展示五星红旗当作第一个步骤。于是翟志刚出舱向大家挥手问好："神舟七号报告，我已出舱，感觉良好！""神舟七号向全国人民、向世界人民问好！"当他拿着那面鲜红的五星红旗在太空挥舞，向全世界问候时，无数人欢呼，无数人落泪，等待了这么多年，坚持了这么多年，属于中国的旗帜终于在太空飘扬，在世界人民面前留下了最美的中国红。

在返回地面接受采访之时，刘伯明曾说过一段这样的话："'神七'这次任务是什么，就是出舱。那么我们把出舱任务完成了，这次任务就顺利完成了，至于我们回不回得去，其实个人的生死，跟国家民族大义相比，轻如鸿毛。"

全面深化改革开放

我们以巨大的政治勇气全面深化改革，打响改革攻坚战，加强改革顶层设计，敢于突进深水区，敢于啃硬骨头，敢于涉险滩，敢于面对新矛盾新挑战，冲破思想观念束缚，突破利益固化藩篱，坚决破除各方面体制机制弊端，各领域基础性制度框架基本建立，许多领域实现历史性变革、系统性重塑、整体性重构，新一轮党和国家机构改革全面完成，中国特色社会主义制度更加成熟更加定型，国家治理体系和治理能力现代化水平明显提高。

我们实行更加积极主动的开放战略，构建面向全球的高标准自由贸易区网络，加快推进自由贸易试验区、海南自由贸易港建设，共建"一带一路"成为深受欢迎的国际公共产品和国际合作平台。我国成为一百四十多个国家和地区的主要贸易伙伴，货物贸易总额居世界第一，吸引外资和对外投资居世界前列，形成更大范围、更宽领域、更深层次对外开放格局。

——习近平在中国共产党第二十次全国代表大会上的报告，
2022年10月16日

铸就辉煌　逐梦未来

阅读导航

2023年是全面贯彻党的二十大精神的开局之年，也是改革开放45周年和党的十八届三中全会召开10周年。40多年前，邓小平同志曾语重心长地指出："一个党，一个国家，一个民族，如果一切从本本出发，思想僵化，迷信盛行，那它就不能前进，它的生机就停止了，就要亡党亡国。"他大声疾呼："如果现在再不实行改革，我们的现代化事业和社会主义事业就会被葬送。"45年来，我们党"立时代之潮头、发时代之先声"，团结带领人民逢山开路，遇水架桥，闯出了一条新路、好路，实现了从"赶上时代"到"引领时代"的伟大跨越。新时代10年来，改革攻坚战气势如虹，中国特色社会主义制度更加成熟更加定型，国家治理体系和治理能力现代化水平明显提高。实践充分证明，改革开放是当代中国发展进步的必由之路，是实现中国梦的必由之路。

理论引航

1978年12月召开的党的十一届三中全会，作出了实行改革开放的历史性决策。这不仅深刻改变了中国，也影响了整个世界。40多年来，中国共产党始终坚持改革开放不动摇，推动中国经济社会发展取得令世界瞩目的奇迹，中华民族迎来了从站起来、富起来到强起来的伟大飞跃。习近平总书记指出："改革开放是党和人民大踏步赶上时代的重要法宝，是坚持和发展中国特色社会主义的必由之路，是决定当代中国命运的关键一招，也是决定实现'两个一百年'奋斗目标、实现中华民族伟大复兴的关键一招。"

改革开放为实现中华民族伟大复兴锻造了核心领导力量。习近平总书记在庆祝改革开放40周年大会上指出："建立中国共产党、成立中华人民共和国、推进改革开放和中国特色社会主义事业,是五四运动以来我国发生的三大历史性事件,是近代以来实现中华民族伟大复兴的三大里程碑。"改革开放是中国共产党的一次伟大觉醒。这一伟大觉醒的标志是中国共产党召开十一届三中全会,把党和国家工作重点转移到社会主义现代化建设上来,中国自此进入改革开放和社会主义现代化建设的历史新时期。这一伟大觉醒的实践成果深刻改变了中国,使得中国大踏步赶上了时代,在富起来、强起来的征程上迈出了决定性步伐。改革开放以来,中国共产党不断推进党的建设新的伟大工程,努力提高党的建设科学化水平,坚持从严管党治党,以始终保证党的先进性和纯洁性。可以说,改革开放既考验了党的领导水平,也锻造提升了党的执政能力。改革开放在党的领导下不断推进、日益深化,党在改革开放过程中不断发展壮大,在世界上的影响力也越来越大。中国共产党用自己的实际行动证明自己能够经受住改革开放的严峻考验,不断地发展壮大为具有全球重要影响力的世界第一大执政党。

改革开放为实现中华民族伟大复兴开辟了正确道路。中国特色社会主义是我们党在改革开放的历史进程中,深刻总结新中国成立以来正反两方面经验的基础上,借鉴世界各国发展经验,立足中国实际,逐渐开创并不断拓展的。改革开放以来,我们总结历史经验,不断艰辛探索,终于找到了实现中华民族伟大复兴的正确道路,取得了举世瞩目的成果。这条道路就是中国特色社会主义。40多年改革开放的实践充分表明,中国特色社会主义是实现中华民族伟大复兴的必由之路。我们必须坚定中国特色社会主义的道路自信,义无反顾、一往无前地坚持中国特色社会主义。只有坚持这样的被伟大实践检验过且证明为正确的道路,才能实现中华民族伟大复兴的宏伟目标。

改革开放为实现中华民族伟大复兴注入了不竭精神动力。推进民族复兴伟业需要顽强奋斗的精神力量。实现中华民族伟大复兴是一项

铸就辉煌　逐梦未来

宏大的历史性进程,不可能一帆风顺,既要有强大的物质基础、完善的制度保证,还需要精神力量支撑。在庆祝改革开放40周年大会上,习近平总书记指出:"改革开放铸就的伟大改革开放精神,极大丰富了民族精神内涵,成为当代中国人民最鲜明的精神标识!"改革开放精神是在改革开放过程中生发的,是激励全体中国人民攻坚克难、迎难而上的强大思想武器。新征程上克服困难、化解风险,面对风高浪急甚至惊涛骇浪的重大考验,既需要硬招实招和苦干实干,更需要坚强的意志品质、坚定的信心信念。没有精神的有力支撑,就难以持续进行艰苦卓绝的奋斗。

没有改革开放,就没有中国的今天,也就没有中国的明天。全面建成社会主义现代化强国,实现中华民族伟大复兴,是中华民族的最高利益和根本利益。中国共产党团结带领人民所进行的一切奋斗,归根结底就是为了实现这个伟大目标。习近平总书记在二十届中央全面深化改革委员会第一次会议上强调,实现新时代新征程的目标任务,要把全面深化改革作为推进中国式现代化的根本动力,作为稳大局、应变局、开新局的重要抓手,把准方向、守正创新、真抓实干,在新征程上谱写改革开放新篇章。

开拓实践

英国制片人迈克尔·伍德：
把有关中国的故事一直讲下去

一部由英国人拍摄的中国纪录片火了,这便是英国广播公司制片人迈克尔·伍德的新作《中国改革开放的故事》。从昔日火爆荧屏的《中华的故事》,到如今再度走红的《中国改革开放的故事》,伍德清晰勾勒出一条心系中国、用镜头客观记述中国改革开放日新月异变化的创作轨迹。

这部纪录片的拍摄时间跨越 2018 年整个夏天,拍摄地点包括英国、美国以及中国广东、吉林、北京、上海等地。在这部纪录片中,伍德通过实地走访、采访亲历者等方式,讲述了中国 40 年改革开放的成果与变化。

透过鲜活的镜头语言,伍德客观展示出中国改革开放的脉络和成就。同时他试图追根溯源,从历史深处探寻中国之所以成功的基因和密码。"如今,中国已是经济大国,而在 40 年前,中国是什么模样? 40 年间,中国又发生了什么?"面对镜头和观众,伍德这样发问。他想向人们,尤其是向西方国家的观众解释,短短 40 年,中国缘何以不可思议的速度迅速崛起? 而这,恰恰是某些西方政客和那些对中国抱有偏见的人们绞尽脑汁也不明就里的。

中国高速铁路

铸就辉煌　逐梦未来

与《中华的故事》一脉相承,伍德在《中国改革开放的故事》中采访了大量亲历者,由近50名改革开放亲历者讲述发生在他们身上的故事,"人心所向""走向世界""中国创造""绿色中国梦"和"未来之路"这5集均是如此。整部纪录片以人物和故事为线索,实事求是,客观平实。例如,他来到中国"复兴号"制造车间,从中国中车集团工程师那里获得了有关中国高铁建设的现场故事和一手材料。

"难以置信,2.5万公里的高铁网络! 高铁还在继续建设,对于未来,中国有怎样的设想?"中国工程师回答他:"到2025年,全国的高铁线将达到3.8万公里。我们时刻准备着,走到国外去!"

在整个拍摄过程中,伍德颇为感动。因为他终于理解了参与改革开放历史进程的人们,不单为自己,更为家庭和孩子,为下一代的幸福生活。"什么是民心所向? 这就是民心所向。"伍德情不自禁地慨叹道。

不少西方人了解中国的经济发展和大国地位的崛起,却并不了解中国近代以来遭受的坎坷,不了解中国人民所经历的一切。只有了解中国的过去,才能理解改革开放是历史的必然。

伍德认为,拥有丰厚历史和文明积淀的中国可谓饱经沧桑,列强入侵、鸦片战争、抗日战争……这一切都令中华民族饱受血与火的磨难。中国人民付出了太多、失去了太多,今天中国的成就来之不易。他说:"龙是中国文化的象征,中华民族的复兴一定会像中国龙那样展翅飞腾,凌空翱翔。"对中国的未来,他充满憧憬。

全面深化改革的故事

当老板创业更便捷

山东高青县居民孙立升在2015年注册成立公司,政府部门的高效服务让他很吃惊。"我把材料交上后,一个多小时,公司的营业执照等一套手续就全办好了。"他说。

孙立升一直有一个自己创业当老板的梦,可想起开头第一步就很头痛。"听说办齐手续就很麻烦,得找熟人,要不就得找专业的代办人员去办。"

没想到,这次他硬着头皮去办手续,结果出乎意料得快。"到了政务服务大厅,工作人员给我一张纸条,写明需要提供什么材料,我准备好,交上去就行了。"他说。

以前创业办个手续,要给政府交税、交费、审核,在部门之间跑来跑去,重复的材料交来交去,创业热情先磨没了一半。现在,政府千方百计为市场主体提供服务,简化手续,减免税费。

民营经济、小微企业是经济的细胞,小微企业活跃,经济自然就活起来了。政府给市场主体铺平创业的道路,孙立升们自然就多起来。2014年山东市场主体出现井喷式增长,新登记市场主体户数、注册资本同比分别增长81.2%和100.2%。截至2022年底,山东省民营经济市场主体达到1388.3万户,占山东全部市场主体98%以上。大量的民营企业为山东贡献了73.3%的税收以及80%以上的社会就业。

农民工的"市民梦"成真

皮肤黝黑,个头挺高,35岁的贾鹏看起来成熟老练。1998年初中毕业后,贾鹏走出村子,跟着别人进城打工。"那时候一天20多元工钱,其他啥也没有。"2009年,贾鹏只身来到济南干装修工,虽然日工资逐渐涨到80元、100元,但没有保险。"老觉得自己是个外地人,没有归属感,因为这个城市不属于你。"贾鹏说。

经过几年奋斗,2013年,贾鹏成立了自己的装修包工队,并担任经理。同时,贾鹏感受到这几年国家对城市外来务工人员的政策越来越好。例如工人劳动条件大幅改善,每天工作8小时,日工资200多元,外来务工人员的子女可以在济南入学,等等。

贾鹏感受到的正是从中央到地方各级政府出台的城镇化改革红利。在山东，政府出台政策把农民工纳入社会保险制度，基本实现同工同酬，免学费政策延伸到中等职业教育，农民工基本享受随迁子女教育、住房保障等多项市民权益。

如今，贾鹏在济南繁华地段买了房、成了家、落了户，还报名上了山东大学的成人教育，学习建筑学。对未来，这位"新市民"充满信心。

家庭农场主吃了"定心丸"

见到寿光市家庭农场主王洪亮的时候，他正在茄子苗愈合室摆弄他的茄子苗。他说："这个愈合室占地一亩多，茄子苗嫁接成活率可以提升15%，纯收入能提高20%。"自从茄子苗愈合室建成之后，王洪亮一有空就钻在里面，比待在家里的时间还要多。

王洪亮经营的家庭农场于2013年10月注册登记，流转土地82亩，主要从事蔬菜种苗种植和销售。他说："农场创办以来，不愁销路，但一直为钱发愁。"

2014年初，王洪亮的家庭农场所在的寿光市纪台镇铁匠村完成土地确权工作，王洪亮流转的21名村民的土地取得确权证。王洪亮和村民签订规范的土地流转合同。没想到，更大的惊喜还在后面。

同年3月，中国邮储银行寿光支行工作人员找到王洪亮，了解其资金需求。很快，50万元贷款发放到他的手中，这是这家银行在全国系统内发放的第一笔以土地承包经营权抵押为担保方式的贷款。王洪亮用这50万元，再加上个人资金共100万元，建设了茄子苗愈合室。

2015年新年伊始，王洪亮又扩大50亩土地规模。"土地确权后，农民对土地所有权安心了，流转土地更顺利；土地承包经营权经过抵押评估后还能贷款，我们也吃上了定心丸。"王洪亮说。

一次卷裤腿蹚积水的调研

"雨很大,总书记看到我穿着雨衣,还是一直把伞靠向我。"

每当回想起多年前那个下雨的周日,年逾七旬的顾强生心里都是暖暖的。

那是 2013 年 7 月 21 日上午,江城武汉,大雨滂沱。

位于长江北岸的武汉新港阳逻集装箱港区迎来一位特殊客人。习近平总书记一下飞机就来到这里,开启为期 3 天的湖北考察之行。

港口,国民经济的"晴雨表"。"九省通衢"的武汉,地处中国经济地理的"心脏"位置,是全国重要的水陆空交通枢纽和长江中游航运中心。

距离党的十八届三中全会召开不到 4 个月,深入基层问计,触摸港口脉动,既能感知中国经济的有力"心跳",也能为科学决策找到"源头活水"。

这是一次非同寻常的考察。

习近平总书记先来到中控室,在听取港区建设情况汇报后,他关切地询问:"三峡通航的标准是多少?""武汉上下游航道条件怎么样?"武汉新港管委会有关负责同志一一回答。这位负责同志回忆说:"总书记问得既具体又专业,对长江黄金水道和现代物流业发展特别关心重视。"

离开中控室,习近平总书记乘车前往作业码头。此时,码头风大雨急,已经积了一层雨水。

车停在码头上,总书记卷着裤腿下车,撑着伞,不顾地上积水一直往前走。

"积水深的地方能到皮鞋一半高度,但总书记根本没在意,他把伞靠向我,和我边走边说。"时任武汉港务集团总经理顾强生回忆道。

暖心的细节,贴心的举动,一下子拉近了两人的距离。

"内地港口是不是发展潜力很大,到东南沿海的集装箱多吗?"总书记问。

"60%是外贸箱,40%是内贸箱,内地港口很有潜力。"顾强生回答。

"如何解决投资资金问题的?"

"武港集团由武汉国资委和上港集团等合资组建,共同经营。"

到了一个工作岸桥,总书记停下脚步问道:"这个设备是进口的还是国产的?"

"设备都是国产的,世界一流水平。"顾强生说。

这是一次求真务实的交流。

"总书记和我聊了十来分钟,就跟拉家常一样,他非常关心经济发展,看得仔细,问得更细致,句句都在点子上。"顾强生深有感触。

雨越下越大,雨水打湿了习近平总书记的衬衫。

脚下有泥,心里才有底。习近平总书记身体力行、率先垂范,卷起裤腿蹚积水,深入基层看实情,为全党上了一堂生动的调查研究课。

两天后,在部分省市负责人座谈会上,习近平总书记从6个方面提出全面深化改革需要深入调查研究的重大问题,为答好"改革之问"提供方法论。

3个多月后,北京人民大会堂,当党的十八届三中全会审议通过《中共中央关于全面深化改革若干重大问题的决定》时,人们意识到,制定一份具有划时代意义的宏伟蓝图,党中央经过了怎样一番深入细致的调查研究。

调查研究,被习近平总书记称为"我们党的传家宝""做好各项工作的基本功"。这也是他不辞辛苦、奔走基层的一个重要目的。

党的十八大以来,习近平总书记调研的足迹遍及大江南北,遍及社区、乡村、企业、学校。从村支书到泱泱大国最高领导人,他始终是深入调查研究的典范。

推进法治中国建设

　　社会主义法治国家建设深入推进,全面依法治国总体格局基本形成,中国特色社会主义法治体系加快建设,司法体制改革取得重大进展,社会公平正义保障更为坚实,法治中国建设开创新局面。

——习近平在中国共产党第二十次全国代表大会上的报告,
2022年10月16日

铸就辉煌　逐梦未来

阅读导航

"立善法于天下,则天下治;立善法于一国,则一国治。"党的十八大以来,以习近平同志为核心的党中央对全面依法治国高度重视,从关系党和国家长治久安的战略高度来定位法治、布局法治、厉行法治,把全面依法治国放在党和国家事业发展全局中来谋划、来推进。在习近平新时代中国特色社会主义思想的科学引领下,中国特色社会主义法治体系不断健全,法治中国建设迈出坚实步伐,法治固根本、稳预期、利长远的保障作用进一步发挥,党运用法治方式领导和治理国家的能力显著增强。

理论引航

"治国凭圭臬,安邦靠准绳。"习近平总书记曾精辟地指出:"法律是什么?最形象的说法就是准绳。用法律的准绳去衡量、规范、引导社会生活,这就是法治。"党的二十大报告强调"在法治轨道上全面建设社会主义现代化国家",既凸显了法治建设事关根本的战略地位,又明确了法治建设服务保障党和国家工作大局的战略任务。要实现这一目标,全党全国都要深入学习贯彻落实习近平法治思想,坚持党的领导、人民当家作主、依法治国有机统一,更好发挥法治固根本、稳预期、利长远的保障作用,为全面建设社会主义现代化国家保驾护航。

法治是人类文明进步的重要标志。数千年中华文明演进,历经沧桑,兴衰交替,一再诠释着"法令行则国治,法令弛则国乱"的深刻道理。近代以来,中国许多仁人志士在追寻法治的道路上进行了艰辛探索。清末沈家本主导修律运动,随着清王朝覆灭无疾而终。民国初年,孙中山领导制定的《中华民国临时约法》,在北洋军阀的连年混战中形同具文。当广大人民还只是当权者统治的对象,当外国军队可以在中国土地上肆意横行,法治就只能是水月镜花,遥不可及。1949年10月1日,中华人民共和国成立,为社会主义法治奠定了根本的政治基础和社会基础。中国共产党带领人民走上了探索实行社会主义法治的道路。回首新中国法治建设进程,既有成功经验,也有深刻教训。党的十一届三中全会以来,我们党越来越认识到,为了保障人民民主,必须加强社会主义法制,使民主制度化、法律化。改革开放以来,法治建设逐步驶入快车道,法治对经济社会发展的保障和促进作用日益明显。

法治是推进中国式现代化的必由之路。一个现代国家,必须是一个法治国家;国家要走向现代化,必须走向法治化。1978年党的十一届三中全会首次提出"有法可依、有法必依、执法必严、违法必究"的十六字方针,1997年党的十五大正式确立依法治国的基本方略,2002年党的十六大将"依法治国基本方略得到全面落实"列入全面建设小康社会的重要目标,2007年党的十七大提出加快建设社会主义法治国家。党的十八大以来,以习近平同志为核心的党中央顺应人民对美好生活的向往,顺应时代发展和进步潮流,把法治建设提到了前所未有的战略高度。2012年党的十八大正式确立了"科学立法、严格执法、公正司法、全民守法"的新十六字方针,2014年,党的十八届四中全会做出《中共中央关于全面推进依法治国若干重大问题的决定》,2019年党的十九届四中全会再次庄严宣告:"必须坚定不移走中国特色社会主义法治道路。"党的二十大报告以"坚持全面依法治国,推进法治中国建设"为题,在党代会政治报告中首次将法治单列进行了论述和部署。这一切都表明中国式现代化与法治之间存在着内在关联性,我们党矢志不渝推进法治建设,始终把法治作为治国理政的基本方式。

法治兴则国家兴,法治衰则国家乱。2014年10月23日,在党的十八届四中全会第二次全体会议上,习近平总书记提出了三个深刻而凝重的发问:全面建成小康社会之后路该怎么走?如何跳出"历史周期率"、实现长期执政?如何实现党和国家长治久安?以习近平同志为核心的党中央为这三道重大考题给出了坚定而明晰的答案:全面推进依法治国。这是着眼于实现中华民族伟大复兴中国梦、实现党和国家长治久安的长远考虑。党的二十大报告进一步强调,必须更好发挥法治固根本、稳预期、利长远的保障作用,在法治轨道上全面建设社会主义现代化国家。法治是一个动态的概念,不仅包括法律的制定,也包括法律的实施、法律的监督和法律的信仰,是立法、执法、司法、守法的有机统一。全面推进科学立法、严格执法、公正司法、全民守法,密织法律之网,强化法治之力,党和国家事业发展才能有根本性、全局性、长期性的制度保障,确保我国社会在深刻变革中既生机勃勃又井然有序。

开拓实践

"天价罚单案"被裁定不予执行的背后

前段时间,因销售不合格芹菜获利14元,一位老伯收到了当地市场监管部门罚款两次共计10万元的"天价罚单"。法院在审查市场监管部门提起的申请强制执行之诉后,认为该处罚畸重,裁定"不予强制执行"。

一时间,这起"小案重罚"的高额芹菜罚单引发的行政非诉审查之诉,受到广泛关注,在互联网上引发话题讨论。"老伯卖菜是有从严处罚的严重情节?""行政机关作出处罚决定是否有依据?"

原来,早在2019年9月11日,陈伯利用在蔬菜批发市场打零工的便利,花了122.5元从种植芹菜的邻居处购入70斤芹菜。然后以每斤加价0.2元的价格卖给了某蔬菜批发商行,从中获利14元。当日,外市一家超市从这家蔬菜批发商行处购买15斤芹菜。而后就是这15斤芹菜出现了问题。在次日该市市场监管局的日常监督执法中,工作人员抽检了这批芹菜。经送检,发现该批次芹菜检验结果不合格。

谈起转卖芹菜被重罚一事,陈伯数次哽咽。"我只是一个普通的老百姓,不是菜贩子。我是真的不知道那批菜不合格啊!""我愿意接受处罚,但就赚了14元,却要罚我好几万元。这么高的罚款,我实在是交不起……"

"本案违法事实清楚,根据《食品安全法》,罚款起点就是 5 万元,综合考虑到陈伯的实际情况,我们已经是按照最低标准处罚了。"对此,市场监督管理局的工作人员也显得很无奈。

一边是陈伯为讨个生计,在不知晓芹菜不合格的情况下,转售了芹菜,获利微小。案发后他积极配合调查,如实说明不合格芹菜的购货来源,同时举报他人无照经营,具有立功行为。而另一边是行政机关作出看似"合法合规"处罚决定。"小过"却遭遇"重罚"。司法是维护社会公平正义的最后一道防线,对这起案子,我们该如何判?

监督行政机关依法行政,推动行政争议化解,这是行政审判的应有之意。让类似的"小过重罚""天价罚单"案件回归到法治的轨道,寻求"最优"解决方案,是行政审判法官的职责所在。在合议中,大家形成共识,那就是食品安全是底线,这一点不能突破。在此前提下,"过罚相当"原则亦要坚守,行政机关的执法行为要有力度也要有温度。

经审查,合议庭一致认为:陈伯销售不合格芹菜,违法事实清楚。但根据相关规定,行政机关做出行政处罚应与违法行为的事实、性质、情节以及社会危害程度相当,陈伯的违法行为属于应当减轻或不予处罚的情形。市场监管局仅依据《食品安全法》相关规定作出处罚决定,明显违反了《行政处罚法》过罚相当的基本原则,也与国家市场监督管理总局出台的《关于规范市场监督管理行政处罚裁量权的指导意见》的相关规定不符。故法院依法裁定:对市场监管局作出的该行政处罚决定,不准予强制执行。

法槌落下,面对这个裁定结果,陈伯连连致谢。他说,之前因为不懂法吃了亏,如今他也开始自学有关食品安全的法律知识。

中国电影走入"法治时代"

2016 年 11 月 7 日,中国电影迎来了发展的春风:十二届全国人大常委会第二十四次会议表决通过了《中华人民共和国电影产业促进法》

全方位改善人民生活

我们深入贯彻以人民为中心的发展思想,在幼有所育、学有所教、劳有所得、病有所医、老有所养、住有所居、弱有所扶上持续用力,人民生活全方位改善。人均预期寿命增长到七十八点二岁。居民人均可支配收入从一万六千五百元增加到三万五千一百元。城镇新增就业年均一千三百万人以上。建成世界上规模最大的教育体系、社会保障体系、医疗卫生体系,教育普及水平实现历史性跨越,基本养老保险覆盖十亿四千万人,基本医疗保险参保率稳定在百分之九十五。及时调整生育政策。改造棚户区住房四千二百多万套,改造农村危房二千四百多万户,城乡居民住房条件明显改善。互联网上网人数达十亿三千万人。人民群众获得感、幸福感、安全感更加充实、更有保障、更可持续,共同富裕取得新成效。

——习近平在中国共产党第二十次全国代表大会上的报告,2022年10月16日

阅读导航

党的十八大以来,以习近平同志为核心的党中央坚持以人民为中心的发展思想,高度重视保障和改善民生,以"不让一个人掉队"的信念打赢脱贫攻坚战,以"让全体中国人都过上更好的日子"的情怀在发展中保障和改善民生,以"天下一家"的理念构建人类命运共同体,始终把人民放在心中最高的位置,把人民幸福镌刻在通向民族复兴中国梦的里程碑上,一系列重大政策举措惠民生、纾民困、解民忧,使人民获得感、幸福感、安全感更加充实、更有保障、更可持续。

理论引航

党的二十大报告提出了继续推进理论创新的科学方法,即必须坚持人民至上、必须坚持自信自立、必须坚持守正创新、必须坚持问题导向、必须坚持系统观念、必须坚持胸怀天下。这"六个必须坚持"是习近平新时代中国特色社会主义思想的立场观点方法的重要体现,其中,"必须坚持人民至上"位列第一,就是要求坚持以人民为中心,依靠人民开创历史伟业,带领人民创造美好生活。坚持人民至上,是习近平新时代中国特色社会主义思想中贯穿的一条红线,深刻体现这一重要思想的根本价值取向。

厚植人民情怀,始终把人民群众放在心中最高位置。"人民对美好生活的向往,就是我们的奋斗目标。"党的十八大以来,以习近平同志为核心的党中央坚持"以人民为中心的发展思想,在幼有所育、学有所教、劳有所得、病有所医、老有所养、住有所居、弱有所扶上持续用力",建成世界上规模最大的教育体系、社会保障体系、医疗卫生体系,推动人民生活全方位改善。当前,我国社会主要矛盾已经转化为人民日益增长的美好生活需要和不平衡不充分的发展之间的矛盾。人民对民主、法治、公平、正义、安全、环境等方面要求日益增长，期盼有更好的教育、更稳定的工作、更满意的收入、更可靠的社会保障、更高水平的医疗卫生服务、更舒适的居住条件、更优美的环境……推动高质量发展，全面建设社会主义现代化国家，必须着眼人民美好生活需要，切实把高质量发展成果转化为高品质生活，不断实现好、维护好、发展好最广大人民根本利益，进一步把以人民为中心的发展思想落到实处。

坚持以发展为第一要务，让发展成果更多更公平惠及全体人民。习近平总书记指出：“人民对美好生活的向往，就是我们的奋斗目标”"党团结带领人民进行革命、建设、改革，根本目的就是为了让人民过上好日子"。新时代十年，我们在实践中坚持让人民生活幸福是"国之大者"，紧紧抓住人民群众急难愁盼问题，采取更多惠民生、暖民心举措，及时为群众解难点、疏堵点、除痛点。健全基本公共服务体系，着力做好重点群体就业帮扶、收入分配调节、健全社会保障体系、强化"一老一幼"服务等工作，持续加强公共卫生、疾病防控、医疗卫生体系建设，用心用情用力为群众办实事。"金杯银杯不如老百姓的口碑。"以人民群众满意为目标，真抓实干、务求实效，一件一件抓落实，一年接着一年干，以实实在在的工作成效造福人民。

团结奋斗，不断把人民对美好生活的向往变成现实。古人云："治国有常，而利民为本。"我们党把为中国人民谋幸福、为中华民族谋复兴作为自己的初心使命，坚持不懈带领人民创造美好幸福生活。我们必须积极顺应人民群众对美好生活的向往和期待，把增进人民福祉、实现人民幸福作为发展的出发点和落脚点，牢牢把握人民幸福安康这个推动高质量发展的最终目的，坚持发展为了人民、发展依靠人民、发展成果由人民共享，扎实推进共同富裕，鼓励共同奋斗创造美好生活。要坚持尽力而为、量力而行，在推动高质量发展中着力做好保障和改善民生工作，让人民群众的获得感、幸福感、安全感更加充实、更有保障、更可持续。

全方位改善人民生活

2023年3月5日,习近平总书记在参加十四届全国人大一次会议江苏代表团审议时对推动高质量发展作出重要部署,强调"必须以满足人民日益增长的美好生活需要为出发点和落脚点,把发展成果不断转化为生活品质,不断增强人民群众的获得感、幸福感、安全感"。在实现第二个百年奋斗目标新的赶考之路上,我们必须坚持以人民为中心的发展思想,始终把实现好、维护好、发展好最广大人民根本利益作为我们一切工作的出发点和落脚点,始终把人民拥护不拥护、赞成不赞成、高兴不高兴、答应不答应作为衡量一切工作得失的根本标准,充分发挥亿万人民的创造伟力,形成同心共圆中国梦的强大合力,为全面建设社会主义现代化国家、全面推进中华民族伟大复兴而不懈奋斗。

开拓实践

富湾村的华丽蝶变

江西省上犹县富湾村曾是深度贫困村,基础设施落后。2019年,富湾村顺利摘掉贫困帽子。如今,富湾村民风和谐、村貌美丽,全村上下充满干劲和活力,正在乡村振兴的路上阔步前进。而这一切,富湾村党支部书记康宽军感受最为深刻。

2018年,康宽军放弃高薪回到了村里,在脱贫攻坚的关键时期,他一年中有350天住在村里,想尽办法争资引项,建成总投资123万元的军民连心桥,改善了600余名村民的出行条件;建成了惠及18户100多亩油茶山的产业路;建成惠及4个村民小组230余人的通组路;实施10类重点项目建设,有效解决长期困扰群众的出行难、饮水难、增收难等难题。

富湾村坚持"精、美、优、特"产业思路,发展精品果蔬、早熟脐橙、富硒水稻、木耳等特色种植产业。做优做好精品果蔬园,建设110亩

铸就辉煌　逐梦未来

84个高标准钢架棚,种植羊角蜜、网纹瓜等品种,链接脱贫户36户122人,人均增收1200元/月。擦亮脐橙产业品牌,发展300亩脐橙果园,种植"赣南早""纽荷尔"等品种,在党员致富带头人的引领下,带动10余户村民自主发展脐橙产业。首创"富硒水稻+木耳"轮番种植,因地制宜发展农闲产业,以时间换空间,发挥有限土地最大效益。2022年村集体经济经营性收入达45万元。富湾村还兴办了孝老食堂,让60岁以上老人可以吃上新鲜美味的饭菜,解决了留守老人吃饭难题。

在康宽军的带领下,富湾村大力发展脐橙、油茶、香菇等产业,实现本村产业从无到有,带动集体增收、村民致富,交出了一份富湾村发展亮丽的成绩单。

老旧小区展新颜　百姓住得更舒心

住房是民生之要。随着中国城镇化率的提高,城镇百姓不仅需要"安居",更希望"乐居"。新时代十年,是我国城市人居环境大幅改善的十年。全国累计开工改造老旧小区16.3万个,惠及居民超过2800万户。

老旧小区改造是人民群众的关心关切之事,是一项重要的民生工程。这一重大民生工程和发展工程,首先要解决百姓的"急难愁盼"问题,"哪里不行改哪里、缺什么补什么"。

湖南省长沙市望城区白沙洲街道东马佳园小区是一个建成30多年的老小区,公共设施配套不够完善。小区居民李宗普记得,以前小区里连路灯都没有,排水设施也设计得不合理,一下雨,泥水都漫进楼道里。

2021年,望城区将该小区纳入老旧小区改造计划,拆除违建,全方位规划地下管网、停车空间等。如今,小区里加装了新的路灯,坑坑洼洼的过道变成了平整干净的柏油路,居民楼下还有规划整齐的停车位,

旧居展新颜

从环境到居住的舒适度都得到了全面提升。

2019年以来，望城区已累计申报改造城镇老旧小区118个，涉及9900余户，并预计在2023年底前，全面完成155个城镇老旧小区改造，4万余居民将因此受益。

群众是否满意是老旧小区改造工作的出发点和落脚点，也是推动工作、检验成效的重要标尺。改善的是居住环境，凝聚的是民心，彰显的是城市温度，老旧小区改造这一"小切口"推进"大民生"，让老旧小区焕发"新活力"，居民开启"新生活"。老旧小区改造，想以"新"换"心"，就要坐下来仔细倾听群众意见，解决群众问题。而今，"改不改""改什么""怎么改""改后怎么管"等一系列问题，都由居民商量着定，真正实现了从"要我改"到"我要改"、从"政府干"到"一起干"的转变，令老旧小区改造工作事半功倍。

铸就辉煌　逐梦未来

广西壮族自治区南宁市创新性地成立了"老友议事会",引导居民议事协商和自治自管,有效推动老旧小区改造工作的顺利开展,在坦诚公开的沟通交流氛围中,常态化听取居民意见,把主导改造的发言权交给居民。经集中讨论而收集上来的居民意见,再由代表汇总,与施工方对接,民意就此落到了实处。

人与自然和谐共生

　　我们坚持绿水青山就是金山银山的理念,坚持山水林田湖草沙一体化保护和系统治理,全方位、全地域、全过程加强生态环境保护,生态文明制度体系更加健全,污染防治攻坚向纵深推进,绿色、循环、低碳发展迈出坚实步伐,生态环境保护发生历史性、转折性、全局性变化,我们的祖国天更蓝、山更绿、水更清。

　　——习近平在中国共产党第二十次全国代表大会上的报告,

2022年10月16日

阅读导航

"把建设美丽中国摆在强国建设、民族复兴的突出位置""加快推进人与自然和谐共生的现代化"。在2023年7月17日至18日召开的全国生态环境保护大会上,习近平总书记深刻阐释生态文明建设在党和国家事业发展全局中的重要地位。党的十八大以来,以习近平同志为核心的党中央把生态文明建设作为关系中华民族永续发展的根本大计,以前所未有的力度抓生态文明建设,生态环境保护发生历史性、转折性、全局性变化,生态文明建设的成就举世瞩目,成为新时代党和国家事业取得历史性成就、发生历史性变革的显著标志。新时代十年,美丽中国建设迈出重大步伐。"绿水青山就是金山银山"理念深入人心,绿色越来越成为高质量发展的底色,天更蓝、地更绿、水更清,万里河山更加多姿多彩,美丽中国建设迈出重大步伐。2023年6月28日,十四届全国人大常委会第三次会议通过决定,将8月15日设立为全国生态日。习近平作出重要指示强调,希望全社会行动起来,做"绿水青山就是金山银山"理念的积极传播者和模范践行者,身体力行、久久为功,为共建清洁美丽世界作出更大贡献。

理论引航

"生态兴则文明兴,生态衰则文明衰。"党的十八大以来,以习近平同志为核心的党中央把生态文明建设摆在全局工作的突出位置,全面加强生态文明建设,开展了一系列根本性、开创性、长远性工作,决心之大、力度之大、成效之大前所未有,生态文明建设从认识到实践都发生了历史性、转折性、全局性的变化。

人与自然是命运共同体,人与自然的关系是人类社会最基本的关系。人类是自然界的重要组成部分,自然界先于人类而存在,自然界具有不依赖于人类的内在创造力,创造了地球上适合于生命生存的环境和条件,创造了各种生物物种以及整个生态系统。人因自然而生,自然界为人类提供赖以生存的生产资料和生活资料。人与自然是一种共生关系,人类发展活动必须尊重自然、顺应自然、保护自然,这是人类必须遵循的客观规律。回首西方发达国家的工业化进程,走过的是一条"先污染、后治理"的发展道路。这种将环境保护与经济发展看作相互对立关系的发展模式,已经被历史证明不具有可持续性。2018年5月18日至19日,习近平出席全国生态环境保护大会并发表重要讲话指出:"当人类合理利用、友好保护自然时,自然的回报常常是慷慨的;当人类无序开发、粗暴掠夺自然时,自然的惩罚必然是无情的。人类对大自然的伤害最终会伤及人类自身,这是无法抗拒的规律。"强调人与自然是生命共同体,本质上跳出了传统工业化的发展模式,从人类可持续发展和生态文明视角出发,着力于构建"越保护、越发展"格局,倡导推动实现人与自然和谐共生的现代化,实现经济社会共同发展与生态文明齐飞。

　　生态环境是关系党的使命宗旨的重大政治问题,也是关系民生的重大社会问题。生态文明建设是新时代中国特色社会主义的一个重要特征。加强生态文明建设,是贯彻新发展理念、推动经济社会高质量发展的必然要求,也是人民群众追求高品质生活的共识和呼声。我们国家用短短几十年的时间就走完了发达国家几百年才走过的工业化历程,但也积累了大量生态环境问题。走进新时代,我们需要什么样的发展?现代化道路怎么走?面对环境污染严重、生态系统退化、资源约束趋紧的严峻形势,党的十八大以来,以习近平同志为核心的党中央遵循人类社会发展规律,顺应人民群众对美好生活的期盼,把建设美丽中国摆在前所未有的高度,把生态文明建设作为统筹推进"五位一体"总体布局和协调推进"四个全面"战略布局的重要内容,把坚持人与自然和谐共生纳入新时代坚持和发展中国特色社会主义基本方略,把绿色发展纳入新发展理念,把污染防治纳入三大攻坚战,以最坚定的决心、最严格的制度、最有力的举措,推动我国生态文明建设不断迈上新台阶。

"生态文明建设是关系中华民族永续发展的千年大计。"对生态文明建设,习近平总书记历来十分重视。党的十八大以来,他亲自擘画,部署推动。大江南北,城市乡村,国内国外,从东南沿海到黄土高坡,从东北平原到青藏高原,走到哪里,就把建设生态文明、推进绿色发展的观念讲到哪里,对生态文明建设念兹在兹,倾注巨大心血。他一再强调"绿水青山就是金山银山""生态文明建设是关系中华民族永续发展的根本大计"。2012年11月,党的十八大将生态文明建设纳入中国特色社会主义事业"五位一体"总体布局,首次把"美丽中国"作为生态文明建设的宏伟目标。十八大审议通过《中国共产党章程(修正案)》,将"中国共产党领导人民建设社会主义生态文明"写入党章,作为行动纲领。新时代十年来,以习近平同志为核心的党中央从中华民族永续发展的高度出发,深刻把握生态文明建设在新时代中国特色社会主义事业中的重要地位和战略意义,系统回答了"为什么建设生态文明、建设什么样的生态文明、怎样建设生态文明"等重大理论和实践问题。2018年5月,党中央召开全国生态环境保护大会,正式确立了习近平生态文明思想,系统阐释人与自然、保护与发展、环境与民生、国内与国际等关系,标志着我们党对社会主义生态文明建设的规律性认识达到新的高度。

2020年3月,习近平总书记再访余村时强调:"'绿水青山就是金山银山'理念已经成为全党全社会的共识和行动,成为新发展理念的重要组成部分。实践证明,经济发展不能以破坏生态为代价,生态本身就是经济,保护生态就是发展生产力。"新时代新征程,要深入学习贯彻习近平生态文明思想,把建设美丽中国摆在强国建设、民族复兴的突出位置,以高品质生态环境支撑高质量发展,加快推进人与自然和谐共生的现代化。要持之以恒打好污染防治攻坚战,深入打好蓝天、碧水、净土保卫战,持续改善生态环境质量;坚持把绿色低碳发展作为解决生态环境问题的治本之策,加快形成节约资源和保护环境的空间格局、产业结构、生产方式、生活方式;坚持山水林田湖草沙一体化保护和系统治理,着力提升生态系统多样性、稳定性、持续性;积极稳妥推进碳达峰碳中和,做到在发展中降碳、在降碳中实现更高质量发展;持续推进生态环境治理体系和治理能力现代化,健全美丽中国建设保障体系。深化习近平生态文明思想的大众化传播,提高全社会生态文明意识,增强全民生态环境保护的思想自觉和行动自觉,推动形成人人、事事、时时、处处崇尚生态文明的良好社会氛围。

开拓实践

幸福就在绿水青山间

青山环抱,绿水逶迤,走进浙江省安吉县天荒坪镇余村,村口石碑上的"绿水青山就是金山银山"十个大字赫然醒目。

"生态好了,金山银山就来了。"余村村支书汪玉成说,"今年3月20日,村里到账5800万元,这是6000亩竹林30年的碳汇收益。"

从"卖石头"到挣碳汇,小村庄因何发生美丽蜕变?余村老村支书鲍新民回忆,二十世纪八九十年代,村里的"石头经济"风生水起,村民腰包鼓了,但是山变成"秃头光",水成了"酱油汤"。2003年至2005年,借着"千万工程"的东风,村里停掉了矿山,关掉了水泥厂。下一步怎么发展?

2005年8月15日,时任浙江省委书记的习近平来到余村,首次提出"绿水青山就是金山银山"的科学论断,为举棋不定的小村庄"一锤定音"。

观念一变天地宽。生态建设与"千万工程"更紧密地结合起来,美丽乡村建设成为"千万工程"重要目标。鲍新民介绍,村干部带着村民复垦复绿、封山治水,实施村庄绿化、庭院美化、垃圾分类,持续改造优

铸就辉煌　逐梦未来

浙江余村

化人居环境,昔日矿坑变身油菜花田、荷花藕塘,一年四季皆风景。

山绿了,水清了,新产业来了。余村春林山庄主人潘春林说,他曾是村里矿山上的一名拖拉机手,这些年从发展农家乐到接待研学旅游、经营特色农产品,致富路越走越宽。现在,潘春林又多了一个新身份——天荒坪镇农家乐协会会长。他说:"我们要跟上市场,统一管理标准、品牌化运营,带动周边乡村共同发展。"

从"卖石头"到"卖风景",绿水青山成了余村人的增收来源。走进"两山文创阁"主题民宿,一个个奇石盆景、一幅幅石头画引人注目,民宿主人葛军感慨:"'千万工程'给村里带来了巨变,现在'人在余村走,就像画中游'。"5年前,他将自家房子改造成民宿,父亲搞起了石头画创作,去年营业收入近200万元。

"乡亲们生活'芝麻开花节节高',打心眼里觉得绿水青山是个宝!"潘春林说。如今,生态文明的内容写进了《余村村训》,"保青山、护绿水、节能源、分垃圾",成了村里人的自觉行动。余村被联合国世界旅游组织评为"最佳旅游乡村",去年累计接待游客 70 万人次,村集体经济收入达 1305 万元,村民人均收入达 6.4 万元,余村走出了一条生态美、产业兴、百姓富的新路。

昔日荒草滩　今朝绿意浓

6月,明媚的阳光下,清澈的尼洋河迂曲回环。河中,沙洲绿树蓬勃盎然,尽显高原生态之美。"现在是一年当中最好的季节。空气清新、环境优美,生活在这儿很舒服。"家住雅尼湿地旁的西藏林芝市巴宜区立定村村民央吉拉姆说。

西藏雅尼国家湿地公园

雅尼国家湿地公园,位于雅鲁藏布江与尼洋河交汇处,湿地公园的水面海拔2920米。如今的雅尼湿地碧波荡漾、鸟掠芳洲。谁能想到,现在绿意盎然的湿地以前却是有名的荒草滩。

"以前这里是荒草滩,只要刮起沙尘暴,连眼睛都睁不开,嘴里也都是沙子。"林芝市巴宜区曲古村党支部书记巴桑乔说。过去受自然、人为等多种因素影响,这里植被减少、沙化严重,给当地村民的生产生活带来不便。

雅尼湿地生态环境的转变从2009年湿地公园试点建设开始。至今累计投资超过3000万元,实施了保护与修复等4个工程,让雅尼湿地得以修复,生态环境得以改善。

与此同时,湿地周边村民也纷纷响应,积极参与到防沙造林工程中。2016年以来,雅尼湿地周边沿江的1300余亩土地上种植了各类树木,既防风固沙又美化环境。巴桑乔说,村民自发种树已经成了习惯。

42岁的拉巴次仁是雅尼湿地公园的一名管护员。每天清晨,他就带着清理工具在湿地内忙碌起来。"我每天来两次,一次三个多小时,主要是清理垃圾和救助野生动物,同时防止偷盗偷猎和偷挖沙石。"拉巴次仁的家就在曲古村,他说这几年湿地内的鸟类明显增多,让他十分高兴。

"我们现在采取日常督导与群众巡护相结合的方式,同时开展湿地法律法规宣传工作,提高湿地管护水平,保护湿地内的生物多样性。"雅尼国家湿地公园管理局局长次仁卓玛说。

2021年以来,林芝市生态环境部门按照西藏生态环境保护的要求,以"加强湿地生态调查监测、全面摸清资源底数,为科学规划和保护提供依据"为着力点,与西藏农牧学院、西藏大学等高等院校签订合作协议,依托他们的人才和技术力量,对雅尼湿地范围内的植被、鸟类和昆虫等动物、气象、水文水质等关键生态环境指标进行调查监测。

2022年7月21日,西藏雅尼湿地生态系统国家定位观测研究站正式挂牌，标志着雅尼湿地的科研步伐全面提速，开启了雅尼湿地公园科学保护、合理利用、全面发展的新阶段。"截至目前，湿地内监测记录到鸟类57种、维管束植物64种、昆虫154种，同时雅尼河谷面山生态修复工程的实施，将进一步提升周边裸露区域的植被覆盖度，有效改善生态环境。"西藏自治区林芝市林业和草原局副局长罗布说，"自然风光美了，乡村就美。乡村美了，老百姓的日子更美。"

　　从荒草滩到鸟掠芳洲的公园，雅尼湿地的变迁是一个生动缩影，照见了新时代中国不断推进生态环境保护的坚实步伐。

与亚洲象和谐相处

　　云南是我国野生亚洲象唯一栖息地。野生亚洲象的种群数量已经增加到了300头以上。密切监测、加强科研、开展救护和繁育，一系列举措使亚洲象得到有效保护。

亚洲象

"当红外相机捕捉到野生动物的身影后,系统能自动进行物种识别,准确率达 97%,一旦确定为亚洲象,预警系统直接连通附近村庄的广播,1 分钟内就可以通知村民注意安全。"西双版纳国家级自然保护区管护局勐养管护所关坪管护站站长杨帆说,关坪片区这样的红外预警相机超过 100 台。

"每个村都建了野象活动信息群,野象动态信息会汇总至西双版纳州林草局的亚洲象监测预警平台,平台收到信息后及时调度预警。"勐养管护所野象监测员郑清元打开手机上的预警平台 App,卫星地图上,不同象群的活动情况、数量、所处方位一目了然。

随着监测预警网络不断完善,我国绝大多数野生亚洲象群都已实现群体识别。通过向群众普及亚洲象监测预警平台,可以有效引导群众避开亚洲象活动区域,减少人象相遇的概率;同时,对于无序外溢的亚洲象,相关部门采取管控措施,尽可能避免亚洲象进入城市、集镇等人员密集区。

西双版纳州景洪市大渡岗乡香烟箐村群山环抱,是距离保护区最近的村庄之一。前些年,野象时不时到村里寻找食物,影响群众生产生活,危及群众生命财产安全。2016 年,香烟箐村成为防象工程的试点村,依随周遭山势,村里建起了防象围栏,围栏长度超过 1300 米。

"过去我们见到大象都远远地躲开。如今有时大象来到围栏外,我会抱着小儿子远远地看野象,小孩子特别喜欢!"村民冯应萍说。不少村民或到两公里外的旅游景区野象谷上班,或开农家乐增收致富。全村人均收入高于大渡岗乡其他村寨,成了人象和谐共处村寨。

当地林草主管部门持续主动防范,减少人象遭遇,最大程度避免野象伤人。从保护区搬迁了 10 个村寨,在亚洲象活动区域村寨周围设立安全警示牌,架设电围栏、钢架隔离围栏,修筑防象沟、防象壁,安装太阳能防象灯,防范亚洲象进入村寨。

不少象群常年活动于村寨、农田周围,并根据不同农作物、经济作物成熟时节,往返于森林和农田之间。西双版纳国家级自然保护区科学研究所所长郭贤明介绍,亚洲象的"食谱"从20世纪80年代的100多种扩充到了如今的400多种,尤其偏爱水稻、甘蔗、玉米等禾本科植物作物。排出的粪便是很多中小型野生动物的食物,也为植物种子传播提供途径。大象在密林中踏出的象道,还能促进动物扩散。保护亚洲象不仅保护了这个物种,也是维持森林生态系统平衡的重要举措。

全面加强国家安全

　　我们贯彻总体国家安全观,国家安全领导体制和法治体系、战略体系、政策体系不断完善,在原则问题上寸步不让,以坚定的意志品质维护国家主权、安全、发展利益,国家安全得到全面加强。共建共治共享的社会治理制度进一步健全,民族分裂势力、宗教极端势力、暴力恐怖势力得到有效遏制,扫黑除恶专项斗争取得阶段性成果,有力应对一系列重大自然灾害,平安中国建设迈向更高水平。

——习近平在中国共产党第二十次全国代表大会上的报告,
2022年10月16日

阅读导航

"备豫不虞,为国常道。"国泰民安是人民群众最基本、最普遍的愿望,是改革发展的重要前提。党的十八大以来,以习近平同志为核心的党中央把国家安全作为头等大事,着眼中华民族伟大复兴战略全局和世界百年未有之大变局,对国家安全作出战略擘画、全面部署。十年来,我们贯彻总体国家安全观,国家安全领导体制日趋完善,国家安全法治体系、战略体系、政策体系不断完善,国家主权、安全、发展利益得到有力维护,国家安全得到全面加强,经受住了来自政治、经济、意识形态、自然界等方面的风险挑战考验,为党和国家兴旺发达、长治久安提供了有力保证。党的二十大报告历史上第一次以专章阐述和部署国家安全,明确指出国家安全是民族复兴的根基,社会稳定是国家强盛的前提,必须坚定不移贯彻总体国家安全观,把维护国家安全贯穿党和国家工作各方面全过程,确保国家安全和社会稳定,以新安全格局保障新发展格局,确保中国式现代化稳步推进。

理论引航

国家安全是民族复兴的根基,社会稳定是国家强盛的前提。2014年4月15日,习近平总书记创造性提出了"总体国家安全观"。总体国家安全观是习近平新时代中国特色社会主义思想的重要组成部分,是坚持和发展新时代中国特色社会主义的基本方略之一。国家安全教育是用习近平新时代中国特色社会主义思想铸魂育人的重要举措之一。把国家安全教育、国家安全素养和意识培养纳入全民教育体系,是事关"培养什么人、怎样培养人、为谁培养人"的一项重大命题。2015年7月1日施行的《国家安全法》第十四条规定每年4月15日为全民国家安全教育日;2018年教育部发布《关于加强大中小学国家安全教育的实施意见》，落实党中央关于加强大中小学国家安全教育有关文件精神和"将国家安全教育纳入国民教育体系"的法定要求；2020年教育部发布了《大中小学国家安全教育指导纲要》，指导大中小学系统、规范、科学地开展国家安全教育，把国家安全教育放到了立德树人根本任务的位置上。加强国家安全教育，使我们广大学生牢固树立国家安全意识，是立德树人的重要任务，是全民国家安全教育的重要内容。

一要坚持根本宗旨。人民安全是国家安全的宗旨。2014年4月，在中央国家安全委员会上首次提出总体国家安全观时，习近平总书记强调国家安全要"以人民安全为宗旨"。2020年6月，在专家学者座谈会上就防疫问题发表重要讲话时，习近平总书记强调"人民安全是国家安全的基石"。这两个重要论断，是对人民安全在总体国家安全体系中的科学定位。总体国家安全观涉及经济、政治、社会、文化、生态等众多领域，诸如网络安全中的信息泄露、社会安全中的重大自然灾害、文化安全中的消极文化侵蚀、生态安全中的环境污染等，都与广大人民群众的生产生活密切相关、紧密相连。因此，每个人必须担起维护和塑造国家安全的责任和使命，从身边做起，从小事做起，从日常做起，把维护国家安全的口号转变为每个人的思想自觉和行为习惯。

二要坚持系统观念。总体国家安全观的关键是"总体"，强调大安全理念，涵盖政治、军事、国土、经济、金融、文化、社会、科技、网络、粮食、生态、资源、核、海外利益、太空、深海、极地、生物、人工智能、数据等诸多领域，而且将随着社会发展不断动态调整。国家安全各领域相互联系、相互依存，国家安全内部条件和外部环境时刻发生着变化，微弱的、局部的风险扰动有可能引发风险的传导叠加，积聚升级成强烈的、全局性的风险。一个领域的安全问题可能通过社会网络扩散到其他诸多领域，发展成多个领域共振的大安全问题。因此，要注重系统思维的训练和系统方法的运用，具体领域的国家安全问题与全局国家安全状态相结合，影响国家安全的内外部因素及其关联关系相结合，国家安全问题的历史脉络与现实发展相结合，真正做到用普遍联系的、全面系统的、发展变化的观点观察事物，把握国家安全问题的发生发展规律和本质。

三要坚持问题导向。总体国家安全观的提出具有重要的时代意义，深刻反映了时代变革和发展对国家安全的新要求。加强国家安全体系和能力建设，离不开全民国家安全教育体系的构建。教育的重要使命是服务中华民族伟大复兴，国家安全教育的使命就是为作为民族复兴根基的国家安全事业培养合格、可靠的社会主义建设者和接班人，为国家安全事业夯实民意基础、形成强大合力、筑牢人民防线。大众宣传教育、大中小学通识教育和学科专业教育等各种形式的国家安全教育，都应坚持以问题为导向，避免国家安全教育的空泛化。国家安全教育问题导向的要求，首要是准确把握国家安全教育的时代性，体现时代特征，与时俱进。

四要坚持世界眼光。总体国家安全观深刻洞察当今世界发展大势和时代发展潮流，强调中国始终不渝走和平发展道路，坚持维护自身安全和共同安全相统一，既努力实现自身目标，又力争为世界做出更大贡献。党的二十大报告进一步强调，要加强重点领域安全能力建设，确保粮食、能源资源、重要产业链供应链安全。这些领域无不与国家外部环境和安全条件紧密相连，同时，气候变化、粮食安全、网络安全、恐怖主义活动、重大自然灾害等问题带来的全球性风险挑战越来越多，没有哪一个国家能够置之事外、独善其身。应坚持胸怀天下，以世界眼光倡导共同安全理念，宣扬开放、包容、普惠、平衡、共赢的合作之道，营建繁荣、稳定、持久、安全的良好国际环境，践行多边主义，推动构建人类命运共同体。

国家安全是民族复兴的根基。党的二十大报告指出，全面加强国家安全教育，提高各级领导干部统筹发展和安全能力，增强全民国家安全意识和素养，筑牢国家安全人民防线。只有全国人民的国家安全素养都得到全面加强，主动维护国家安全的责任意识和实践能力全面融入各行各业全过程，才能真正形成全社会维护国家安全的强大合力，国家安全才能有根本性保障。

开拓实践

反恐英雄张晨阳：身残志坚励精兵

"嘭！"

伴随着一声震耳欲聋的声响，爆炸物在张晨阳手中炸裂。

顷刻间，他的左手被火光吞噬，视线逐渐模糊，只感觉左手火辣辣的。

那是2015年5月25日新疆警方在南疆针对暴恐分子开展的一次围剿行动。暴恐分子藏匿在当地村落里，向警方投掷爆炸物负隅顽抗。

彼时任新疆维吾尔自治区公安厅特警总队特战支队二大队中队长的张晨阳带领突击组乘坐装甲车主动增援，希望以装甲车为屏障，摸清楚暴恐分子的具体位置后，再与大部队对他们进行精确打击和抓捕。

行进中，张晨阳乘坐装甲车搜索观察，一枚爆炸物顺着射击孔向车内掉落，情况万分紧急。扎实的战术素养让他迅速反应，随手接住爆炸物便往外抛。

但就在抛出的一瞬间，爆炸物炸了。张晨阳的整个左手被吞吐着邪恶的火光吞噬了，左手顷刻被炸得血肉模糊，手掌几乎无法辨认。他下意识地环视周围，确定没有其他人受伤后，一边冷静汇报，一边拉下主炮塔盖，防止车内发生次生危机。

事后回忆起当时的情形，张晨阳表示："如果当时我不去抓它、不去制止，它可能会顺着机舱盖掉落到车内，对其他战友产生威胁。我当时在最前面，危险由我来承担。"之后，他将随身携带的枪支交给队友，确保枪支安全后才强忍着剧痛，用右手掐住流血的左手手臂上了救护车。

救护车载着张晨阳第一时间抵达当地医院。负责处置的医生看到张晨阳左手的伤势都大吃一惊。"受伤情况太严重了。"囿于当地的医疗条件，医生告诉特战支队领导，医院做不了微创手术，当前的伤势只能截肢。

从手掌被炸伤到坐救护车去医院处理，一路上张晨阳都强忍着伤痛，但当听到医生说要截肢的消息，这个铮铮汉子终于绷不住了，眼泪止不住地往下流。

他跪在床上，用虚弱的气息恳请道："医生，不要给我截肢，我还要拿枪……"一遍遍重复、一遍遍叮咛，直到疼得失去意识。

遗憾的是，在与感染和疼痛抗争近半个月、经历五次清创手术后，幸运之神没有眷顾张晨阳。得知自己的左手拇指、中指和食指远端骨节及手掌部分肌肉组织必须截除时，他强忍眼泪，对每一位前来探望的领导、同事及陪护人员都报以坚强的微笑。参与治疗的医生也感动不已，对特战队领导说："你们的队员真坚强，了不起！"

因伤势严重，张晨阳的左手最终被评定为因战 6 级伤残。伤愈归队后，张晨阳始终没有忘记自己是一名特战队员，坚持每天早晚抽出一个小时进行体能、技能训练。尽管手上、枪上、纱布上时常浸透鲜血，但他仍忍痛坚持强化训练。谈及张晨阳，特战支队一大队大队长郑延龙佩服地说道："受伤归队后，晨阳一直坚持射击训练。射击要想打得准，首先要把枪举稳，别人训练负重一公斤举枪，他就加到两公斤……"

"一遍不行做第二遍，第二遍不行再第三遍，连续重复，我相信有一天我会把它做好，事实证明我也做好了。因为我不想掉队，因为我是一名特警。"张晨阳如是说。功夫不负有心人，经过半年的努力，在年底考核时张晨阳各项体能成绩全部达标，并且能够独立完成单手换弹夹和单手持枪射击等科目。这背后他付出的努力和汗水难以想象。

如今，伤愈归队的张晨阳继续奔赴在执勤、抓捕等一个个战场，在他身边还有无数政法干警坚持凡"恐"必打、露头就打，以有力举措捍卫国家安全，守卫社会稳定。

啃下科研"硬骨头" 做粮食安全"守护者"

"洪范八政，食为政首。"确保粮食安全是重大战略性根本问题。习近平总书记强调，在粮食安全这个问题上不能有丝毫麻痹大意。

"把人工智能应用于育种研究，可以全方位应用生物、物理、制造、光学等各学科技术，将大幅提升我国生物育种基础研究以及原始创新的能力和水平，这是我们团队'十四五'期间的重要科研项目……"暮春，安徽合肥科学岛上，54岁的科学家吴丽芳思路敏捷、语速飞快，一说起自己的科研领域就滔滔不绝。

做农业科研，走到乡村的田间地头，是常态。别人以为的苦，在吴丽芳的心里总能生出许多乐趣。

2009年，初回科学岛组建科研团队，吴丽芳"一穷二白"，没有实验室，没有科研项目和科研经费。经历过一个烧杯、一张试纸都要自己购买，一点一滴建起实验室的窘迫，也经历过团队人员工资没有着落，借钱发工资的艰难，吴丽芳没有气馁。她和科研团队反而更多了份面对重大科研项目时的执着和攻坚克难的坚韧。

从针对小麦赤霉病研发纳米防护膜技术,提高小麦抗逆性;到为解决秸秆还田所带来的燃烧污染和病原菌问题而研发的微生物降解技术;再到攻破组培技术壁垒,做经济作物的组培繁育,解决国内大部分种苗靠以国外进口为主的现状等,吴丽芳带领团队从农业实际需求出发,埋头苦干,一项项重大农业科研成果和突破性发现,成为实验室最亮眼的名片。

2014年,为保障粮食安全,在中国科学院专家建议的基础上,国家科技部提出了面向中低产田的提质增效系统科技工程,即"第二粮仓计划"。中国科学院党组率先布局,部署了STS项目,进行前期预研,为国家第二粮仓科技工程全面实施提供示范样板和建设方案。

"国家需求落在合肥研究院,就是它的使命担当;来到我的肩上,就是我义不容辞的责任。"吴丽芳坦言,"多年来,我从细胞到分子越做越微观,而系统工程则是宏观中的全局观,从微观到宏观,毫无经验可言,但我不能退缩,因为这是我作为农业科研工作者的责任。"

那几年,吴丽芳将全部精力都放在这个项目上,"光项目进展简报就写了100多期,基本上都是亲力亲为"。

一年后,吴丽芳团队做出的成绩慢慢获得了认可,也陆续获得了大量经费支持,她主持的项目也吸引了农业部、科技部等部门前来调研。同时,该项目也入选2017年全国四大农业科技工程,并列入国家科技部重点研发计划规划。

吴丽芳笑言,如果说"第二粮仓计划"是被动承担重任,那眼下的"智能育种加速器平台",则是为守护粮食安全,自己"找"来的项目。在她看来,中国的粮食生产创造了世界奇迹,在水稻育种领域世界领先,但同时中国的种业发展还面临着优质种质资源积累不足、种质资源鉴定技术滞后、育种效率低、育种模式亟待革新等"卡脖子"问题。

"第二粮仓计划"实施过程中,为解决问题,课题组突破传统思路招收不同学科方向的人才,多学科交叉最终"啃"下"硬骨头"。结合这些经验,吴丽芳开阔思路,决定试着突破传统的育种模式和研究方式,借助光学、信息、人工智能、大数据、先进制造等学科的交叉融合,应用于育种研究,创新具有前瞻性、颠覆性的核心种质,实现我国种业科技大变革。

"种业是农业的'芯片',守护粮食安全,最重要的是把种业发展的核心技术牢牢掌握在我们自己手中。"几十年科研经验累积后,中年的吴丽芳下定决心,"以种业创新为抓手保障国家粮食安全,培育满足人民营养和健康需求的种子。"

走万里路,进千家门,解百家难

一毕业,王其欣便走上人民调解员的岗位,彼时他满腔热情、信心满满，以为凭借自己的法律知识就能在基层干出一番大事业。但没想到，他的"大事业"一开始就饱受挫折。

对初入社会的他，村民们投来怀疑的目光："这么个毛头小伙子，能处理好咱们的事儿吗？"

后来，他才渐渐明白，调解村民纠纷不是打官司，不能非黑即白地下结论，要学会安抚群众情绪、获得群众信任，才能把大事化小、小事化了。

于是，王其欣开始处处留心，虚心向老前辈请教，和村里的长者沟通，带着温度为群众服务，设身处地为当事双方考虑，依法依规调解结案，既坚守法律的底线，又顺应人情的需要，最终努力让双方达成最优解。

2022年冬天，高庄派出所接到报警，村里发生了一起矛盾纠纷。因村里地势不平，村中亓某一家的大门，正对一路之隔的郭某家高大的宅基西北角。亓某夫妇认为这样的构造会影响自家"风水"，久而久之便成了一块"心病"，两家因此事结怨了18年之久。入冬农闲时，郭某对年久失修的墙基进行加固，双方矛盾的导火索被再次点燃。

王其欣闻讯赶到现场，先是好言相劝，安抚好两家人的情绪，再一遍遍绕着两家围墙走，仔仔细细地对矛盾焦点区进行测量、勘察，并和双方当事人及村两委进行反复沟通，最终拿出合建一道"共墙"的调解方案，双方最终握手言和，多年恩怨一朝化解，两家都长舒一口气："心结一下子就打开了！"

"把群众的事当成自己的事，才能设身处地理解群众的想法和心情。"抱着这样的心态，王其欣动之以情、晓之以理，这些年为高庄群众调解纠纷达3814件。当年的毛头小伙子，如今成为辖区群众的知心人，"有纠纷，找其欣"，已成为当地群众的流行语。

王其欣发现，仅仅做帮助群众调解矛盾的"和事佬"是远远不够的，许多矛盾纠纷的发生源于村民不懂法。王其欣在辖区内积极开展义务普法活动，可刚开始的效果不尽如人意，三三两两来"捧场"的群众心思

铸就辉煌　逐梦未来

也不在听讲上。虚心听取群众意见后,他意识到,基层工作不能本本主义,普法活动也不是发发材料、讲讲大话就能奏效的。

于是,王其欣走街串巷,观察百姓作息规律,了解群众兴趣爱好,创新出一套接地气的"678"普法工作法,即在群众闲暇的周六周日、工作日8小时之外以及阴雨农闲时,用通俗易懂的语言讲解群众关心的土地流转、民间借贷、彩礼返还等身边案例,形成普法小夜校、法律赶大集和田间地头法治课等不同普法模式。几年来,他开办义务普法讲座800余场,听众30余万人次。

王其欣还致力于搭建百姓与政府间的沟通桥梁。坚守基层15年,他累计处理重大信访案件31件,促进"信访化解+司法调解"联动,实现情—理—法并举,成为维护基层和谐的第一道防线。

王其欣先后获得"中国青年五四奖章""全国模范人民调解员""全国普法工作先进个人""全国人民调解工作先进个人"等荣誉称

号。对此,王其欣只是谦虚地说,干工作不能把目光盯在荣誉上,他更在意的是百姓们送给他的那一张张朴实快乐的笑脸,这是最高的"奖赏"。

一个公文包,一双运动鞋,十五年间,走了万里路,进了千家门,解了百家难。王其欣以自己的实际行动筑牢了当地守护人民安宁、维护社会和谐的第一道防线。

持之以恒自我革命

  我们持之以恒正风肃纪,以钉钉子精神纠治"四风",反对特权思想和特权现象,坚决整治群众身边的不正之风和腐败问题,刹住了一些长期没有刹住的歪风,纠治了一些多年未除的顽瘴痼疾。我们开展了史无前例的反腐败斗争,以"得罪千百人、不负十四亿"的使命担当祛疴治乱,不敢腐、不能腐、不想腐一体推进,"打虎""拍蝇""猎狐"多管齐下,反腐败斗争取得压倒性胜利并全面巩固,消除了党、国家、军队内部存在的严重隐患,确保党和人民赋予的权力始终用来为人民谋幸福。

——习近平在中国共产党第二十次全国代表大会上的报告,
2022 年 10 月 16 日

阅读导航

"牢牢把握以伟大自我革命引领伟大社会革命的重要要求"阐明了党的自我革命为党跳出历史周期率提供了新答案，为进行伟大社会革命提供了新引擎，为解决大党独有难题提供了新方案。全面从严治党永远在路上，党的自我革命永远在路上，我们要持之以恒推进党的自我革命，确保党永远不变质、不变色、不变味，使党始终成为中国特色社会主义事业的坚强领导核心。

理论引航

全面从严治党是新时代党的自我革命的伟大实践，开辟了百年大党自我革命的新境界。百余年风霜雪雨、百余年大浪淘沙。在百年奋斗历程中，我们党之所以能够饱经磨难而生生不息，历经千锤百炼仍朝气蓬勃，战胜一个又一个困难，取得一个又一个胜利，其原因就在于党敢于直面自身存在的问题，始终坚持党要管党、全面从严治党不放松，在推动社会革命的同时进行彻底的自我革命。党的十八大以来，以习近平同志为核心的党中央把全面从严治党纳入"四个全面"战略布局，打出一套自我革命的"组合拳"，使党在革命性锻造中更加坚强有力、充满活力。习近平在十九届六中全会第二次全体会议上发表重要讲话指出："在建党百年之际，我们要居安思危，时刻警惕我们这个百年大党会不会变得老态龙钟、疾病缠身。对党的历史上走过的弯路、经历的曲折不能健忘失忆，对中外政治史上那些安于现状、死于安乐的深刻教训不能健忘失忆；对自身存在的问题不能反应迟钝，处理动作慢腾腾、软绵绵，最终人亡政息！要以伟大自我革命引领伟大社会革命，以伟大社会革命促进伟大自我革命，确保党在新时代坚持和发展中国特色社会主义的历史进程中始终成为坚强领导核心。"

自我革命是马克思主义建党学说的重要内容,是马克思主义政党的内生特质。马克思、恩格斯指出,只有在革命中才能抛掉自己身上的一切陈旧的肮脏东西,才能胜任重建社会的工作。一个马克思主义政党,要保持先进性和纯洁性,实现崇高使命,始终跟上时代、实践、人民的要求,就必须一刻不放松地解决自身存在的问题,以勇于自我革命精神打造和锤炼自己。历史和实践表明,勇于自我革命是中国共产党增强自愈力、永葆生命力的根本保障和必由之路。中国共产党敢于自我革命、勇于自我革命、善于自我革命,这既是马克思主义政党的本质属性之必然,也是党长期执政的内在需要和应对国内外复杂形势的现实要求。中国共产党为什么能够始终跟上时代、实践、人民的要求,以勇于自我革命精神打造和锤炼自己,归根结底在于中国共产党是一个先进的政党,具有信仰坚定、人民至上、敢于斗争、坚持奋斗等一系列鲜明独特的伟大品格。当前,我们党正领导人民进行新时代中国特色社会主义伟大事业。这既是伟大社会革命的成果,又是伟大社会革命的继续,具有新的内涵和意义。这就要求我们党始终保持居安思危、励精图治的精神状态,继续保持勇于自我革命的独特品格和饱满的革命精神,不断增强创造力、凝聚力和战斗力。

自我革命精神是党永葆青春活力的强大支撑。中国共产党勇于自我革命、善于自我革命有其独特的"精神密码",这个密码就蕴藏在中国共产党的精神之源——"伟大建党精神"中。2021年7月1日,在庆祝中国共产党成立100周年大会上,习近平总书记发表重要讲话,首次提出以"坚持真理、坚守理想,践行初心、担当使命,不怕牺牲、英勇斗争,对党忠诚、不负人民"为主要内涵的伟大建党精神。32字浓缩百年奋斗,揭示历史真谛,为中国共产党自我革命奠定了精神根基,提供了精神动力,锻造了精神品质,指明了精神归向。党的二十大报告站在党和国家事业发展全局的战略高度把"弘扬伟大建党精神"写进大会主题、写入中国共产党党章。充分表明伟大建党精神具有穿透历史、激励全党、淬炼党性和锤炼品格的永恒价值。

习近平总书记在党的二十大报告中指出,"腐败是危害党的生命力和战斗力的最大毒瘤,反腐败是最彻底的自我革命。"面对新征程上的新挑战新考验,党要永葆蓬勃朝气,就必须开新局于伟大的社会革命,强体魄于伟大的自我革命。始终坚持问题导向,保持战略定力,发扬彻底的自我革命精神,维护好党的红色基因,发扬优良传统、赓续红色血脉,把党的伟大自我革命进行到底。坚持不敢腐、不能腐、不想腐一体推进,同时发力、同向发力、综合发力,坚决打赢反腐败斗争攻坚战持久战,确保党永远不变质、不变色、不变味,确保党的基业长青。

开拓实践

校正迷失的发展"航向"

海南省是我国为数不多的热带省份之一,也是我国最大的省级经济特区。青山绿水、碧海蓝天是海南建设发展的最大本钱。

2013年4月,习近平总书记在海南考察时强调,保护生态环境就是保护生产力,改善生态环境就是发展生产力。希望海南处理好发展和保护的关系,着力在"增绿""护蓝"上下功夫,为全国生态文明建设当个表率,为子孙后代留下可持续发展的"绿色银行"。

然而,在推进三亚经济社会发展过程中,有些人却迷失了"航向"。凤凰岛二期项目违建及整治不力就是典型案例。

三亚市凤凰岛项目原为白排国际客运码头和人工岛工程项目。凤凰岛一期填海36.53公顷,形成1号人工岛,2003年竣工后,附近海岸线明显出现了沙滩退化现象。

在此情况下,有些领导干部依然为了"政绩",加快二期开发建设,使得立项、规划、审批、建设各环节,都存在违规违法问题。2016年,历时约两年,凤凰岛二期主体填海完成,形成2号人工岛,占海49.96公顷,1、2号人工岛连接线占海1.12公顷。

铸就辉煌　逐梦未来

中央生态环境保护督察组发现,凤凰岛二期的违规建设,造成海岸线侵蚀、沙滩退化,阻碍三亚河入海口的通畅,致使污染物积聚,严重污染水体,也导致三亚湾海域珊瑚礁系统严重破坏。

调查发现,有的党员领导干部仍然没有认识到绿色发展的重要性,仍然舍不得放弃以生态环境为代价的发展模式,导致贯彻落实党中央重大决策部署时打折扣、搞变通,致使人民群众获得感受到严重损害。

2018年4月13日,在庆祝海南建省办经济特区30周年大会上,习近平总书记宣布海南建设自由贸易港,强调海南要牢固树立和全面践行绿水青山就是金山银山的理念,实行最严格的生态环境保护制度,严格保护海洋生态环境。

2021年,海南省公开第二轮中央环保督察整改落实情况,明确以强烈的责任担当破解瓶颈难题,动真碰硬狠抓围填海问题整改。

怎么整怎么改?拆比填难得多,是留还是拆?……算着眼前的经济账,有人觉得拆了可惜。然而,算清政治账、生态账和更长远的经济账,就必须彻底整改、坚决拆除。

迷失的"航向"必须校正。海南省委、省政府成立了省生态环境保护督察整改工作领导小组,经多次研究论证,针对凤凰岛项目存在的严重违反规划、破坏海洋生态等问题,整改方案明确要求凤凰岛二期违建项目全部拆除、恢复原貌。在各方力量攻坚克难和不懈努力下,2022年3月19日,历时262天,凤凰岛二期基本完成拆除,实际共完成拆除量614.1万立方米。

编者声明

本书编写过程中,学习、参考并引用了一些文本资料及图片。在此,我们深表谢意。但是,仍有部分作者未能取得联系,谨致深深的歉意。敬请原作者见到书后,及时与我们联系,以便我们按国家有关规定支付稿酬并赠送样书。